BARRON'S

PAINLESS

Italian

Marcel Danesi, Ph.D.

Illustrated by Tracy Hohn

Second Edition

All inquiries should be addressed to:
Barron's Educational Series, Inc.
250 Wireless Boulevard
Hauppauge, New York 11788
www.barronseduc.com

ISBN: 978-0-7641-4761-6

Library of Congress Catalog Control Number: 2012931841

PRINTED IN THE UNITED STATES OF AMERICA
10 9 8 7 6 5 4 3

CONTENTS

CONTENTS

Lezione 6ᴬ:
Dal veterinario! / *At the Vet's!*   149

Lezione 7ᴬ:
Il mio negozio preferito! / *My Favorite Store!*   181

Lezione 8ᴬ:
Il mio programma preferito! / *My Favorite Program!*   207

INTRODUCTION

Dear Student of Italian:

The book you are holding in your hands promises one thing: to teach you the basics of Italian, if you are willing to make an effort to learn them. It has been put together diligently to teach it to you, and you should work just as diligently to learn it. There is no way around this simple fact of life.

The kind of Italian you will learn here is real, everyday Italian, the language common people speak. But this book has taken the reality angle a step further. Not only will you be learning real Italian, but you will also be exposed to the culture and literature of Italy. Welcome to the real thing!

The Italian you will be learning is not the "artificial" kind, concocted in a lab, so to speak. It is authentic. The words and expressions you will acquire are those that make up the daily life of people—words such as *people, year, time* as they are used in different contexts. Context is everything. It reveals what the speakers of a language think and how they act in life. Language has meaning only when it is used in some way. Language is also culture—the story of those who speak it and their accomplishments.

This is where grammar comes in. As it will be presented in this book, grammar is simply a guide to how the Italian language is used. To become adept in any language you simply will have to know how its words work as a system. Imagine a pianist who does not know anything about musical theory and harmony. You would hardly consider such a person to be a "proficient pianist." Grammar will put you in a better position to think about the Italian language in a similar way to the proficient pianist.

This book has been designed to fit into most teaching methods and school curricula. Although it is meant primarily to be used at the introductory level for middle-school students, it can also be used at the intermediate or even the advanced levels, for review purposes, and for self-study. Each of its 10 lessons could be covered in two weeks or less for a total of 15–18 weeks or roughly an academic semester. Needless to say, some lessons may take a bit longer because of the complexity of the grammar, and thus, a 20-week period of study may be more realistic.

Regarding the grammar, it is not relevant whether you like it or not, in the same way that it doesn't really matter whether you like math or biology. You still have to grasp basic principles in order to learn about the system of numbers or of organisms. So too, you will have to grasp basic principles of the Italian language in order to master it. In an introduction, only the main parts of grammar can be covered. You will not find a complete grammar review here. You will have to complete your grammatical knowledge in the next learning steps.

In each chapter you will find numerous attention grabbers titled **Attenzione!** *(Watch out!)*, which will inform you about the vocabulary, grammar, and so on when it is necessary. You will also come across **Learning Tips**. After reading something and learning the vocabulary necessary to understand it, you will be given exercises and activities to put what you are learning immediately into practice. After this, you will find a grammar section, titled **Un po' di grammatica** *(A bit of grammar)* which, as its title suggests, gives you pointers about what you are learning in the chapter. Interspersed throughout there are exercises, pointers, learning tips, and so on.

This is followed by sections on **Espressioni** *(Expressions, proverbs, or idioms)* and **Cultura e comunicazione** *(Culture and communication)*. You will thus learn how to express yourself and learn something about culture. Exercises and activities follow each of these sections.

But before delving into Chapter 1, work your way through the overview. This teaches you how to greet people and what sounds are in the Italian language.

I congratulate you on your decision to learn Italian. No doubt it will broaden your perspective of life and the world, and also be a great asset in your future career endeavors. Above all else, have fun or, as they say in Italian, **Buon divertimento!**

Overview

GREETING PEOPLE

Before meeting Marco, Maria, and all your new friends in upcoming chapters, the first thing to do is learn how to greet them and how to identify yourself. Let's start with a few basic expressions.

Saluti e cortesia / Greetings and Courtesy

Ciao! / *Hi!/Bye!*
Arrivederci! / *Good-bye!*
Come va? / *How's it going?*
Ci vediamo! / *See you later!*
Grazie! / *Thanks!*
Buongiorno! / *Good morning!*
Buon pomeriggio! / *Good afternoon!*
Buonasera! / *Good evening!*
Buonanotte! / *Good night!*
Prego! / *You're welcome!*

At this early point, you may have trouble pronouncing these expressions. Don't worry, this is normal! You will get some useful information about pronunciation a little later in this chapter. Just try your best right now. Learning is all about trying. To get you on your way, however, here's how to pronounce some of the more tricky expressions. The capital letters tell you where to put the main accent. This method of transcription will be used throughout when tricky new words are introduced.

ciao = chAh-oh
arrivederci = ah-reeh-veh-dEhr-cheeh
ci vediamo = cheeh veh-dyAh-moh
grazie = grAh-tsyeh
buongiorno = bwohn-jOhr-noh (*This can also be spelled as* buon giorno)
buon pomeriggio = bwohn poh-meh-rEEh-joh

There are a few things you should know about greeting and addressing people in general. First, you must use different forms when greeting people you know and with whom you are on a first-name basis (friends, family members, etc.). To greet such people, simply use ciao for both *hi* and *bye*. By the way, this is called "informal address." Do not use this expression, and others like it (such as arrivederci), with strangers and those with whom you are not on a first-name basis. In this case, use more "formal" speech.

In the list above, all expressions, except ciao and arrivederci, can be used for formal greetings. The formal "partner" of arrivederci is arrivederLa, spelled exactly as you see it. Some of the formal expressions can be used to say both *hello* and *good-bye*:

> Buongiorno! / *Good morning! Hello!*
> Buongiorno! / *Good morning! Good-bye!* or ArrivederLa!
> Buonasera! / *Good evening! Hello!*
> Buonasera! / *Good evening! Good-bye!* or ArrivederLa!

Of course, if you just want to say *Good morning* and *Good evening* to a friend or family member, then you can use these expressions as well. When used in this way, they mean exactly what they mean! Now, try your hand at the following exercises.

BRAIN TICKLERS
Set # 1

A. Some of the expressions used by Claudia and Pina, two friends, got muffled in a recording made of their conversation. Here are the missing parts. Can you supply the rest?

1. Claudia: Ciao, Pina, come ...?
2. Pina: ..., Claudia!

A little later in the conversation, Claudia gives Pina a gift, for which Pina is grateful.

3. Pina (after receiving the gift): ..., Claudia!
4. Claudia: ..., Pina!

3

Near the end of the conversation...

5. Claudia: Ciao, Pina, ... vediamo!
6. Pina: ..., Claudia!

B. Now, try your hand at formal address. Can you figure out what each person will say?

1. Il signor Dini / *Mr. Dini* greets his boss in the evening.
2. La signora Marchi / *Mrs. Marchi* says good-bye to her boss in the evening.
3. Il signor Dini says good-bye to his boss in the morning.
4. La signora Marchi greets her boss in the morning.
5. Claudia says good night.

C. Finally, say the following things, in Italian of course.

1. Greet a friend.
2. Greet a stranger in the morning.
3. Greet a stranger in the afternoon.
4. Greet a friend in the afternoon.
5. Greet a stranger in the evening.
6. Say good night.
7. Say good-bye to a friend.
8. Say good-bye to a stranger in the morning.
9. Say good-bye to a stranger in the afternoon.
10. Say good-bye to a stranger in the evening.
11. Say thank you.
12. Say you're welcome.
13. Ask someone how it's going.
14. Tell someone you will see him or her later.

(Answers are on page 15.)

IDENTIFYING ONESELF

Now, how would you identify yourself in Italian? Here are a few expressions that will help you do so.

Identificarsi! / *Identifying Oneself*

If you are a female:
Mi chiamo Tina. / *My name is Tina.*
Mi chiamo Debbie. / *My name is Debbie.*
Sono italiana. / *I am Italian.*
Sono americana. / *I am American.*

If you are a male:
Mi chiamo Marco. / *My name is Marco.*
Mi chiamo Bill. / *My name is Bill.*
Sono italiano. / *I am Italian.*
Sono americano. / *I am American.*

Note that the pronunciation of **mi chiamo** is (meeh kyAh-moh). As you can see, endings of words can change if you are male or female. Let's not worry about that right now. It will come up again in the first chapter. Right now, simply do the following.

BRAIN TICKLERS
Set # 2

Say the following things:

1. Say what your name is.
2. Say that you are an Italian female.
3. Say that you are an Italian male.
4. Say that you are an American male.
5. Say that you are an American female.

(Answers are on page 15.)

THE ITALIAN ALPHABET

The Italian alphabet contains the following letters:

Letter	Name
a, A	a (= ah)
b, B	bi (= beeh)
c, C	ci (= cheeh)
d, D	di (= deeh)
e, E	e (= eh)
f, F	effe
g, G	gi (= jeeh)
h, H	acca *(always silent)*
i, I	i (= eeh)
l, L	elle
m, M	emme
n, N	enne
o, O	o (= oh)
p, P	pi (peeh)
q, Q	cu (= kooh)
r, R	erre
s, S	esse
t, T	ti (= teeh)
u, U	u (ooh)
v, V	vu/vi (vooh/veeh)
z, Z	zeta (dseh-tah)

Italian also has double consonants. These are pronounced, of course, double: **Raffaele** / *Ralph*, **Filippo** / *Phillip*, **mamma** / *mom*, **nonno** / *grandfather*, **nonna** / *grandmother*.

Other letters used to spell words are foreign, taken from other languages, primarily English.

Letter	Name
j, J	i lunga
k, K	cappa
w, W	doppia vu
x, X	ics
y, Y	ipsilon, i greca

Here are some examples:

il jazz
il karatè
il weekend
lo yogurt

SPELLING AND PRONUNCIATION

Since English has different letters for some sounds, words often need to be spelled out. The situation is much simpler in Italian. In most cases, letters stand consistently for the same sounds. Spelling is, thus, not a problem at all. The main pronunciation difference between English and Italian lies in the fact that the vowels are "pure," with no glides (as in English *say*), and the consonants are more forceful. The best way to learn how to pronounce new words is to listen to them pronounced for you and then to imitate them.

There are a few tricky sounds and letters, however. Here are the main ones.

ciao
ci stands for the soft *ch* sound in *church*

Giovanni / *John*
gi stands for the soft *j* sound in *joy*

If the c or g occur before e or i, then they stand for soft sounds; otherwise they stand for hard sounds, like the *k* in *kit* or the *g* in *game*.

cena / *dinner* (= chEh-nah)
cinema / *movies* (= chEEh-neh-mah)
cane / *dog* (= kAh-neh)

gente / *people* (= jEhn-teh)
Gino / *Gino* (= jEEh-noh)
gatto / *cat* (= gAh-ttoh)

The letters ch and gh stand only for hard sounds in Italian.

che / *what* (= keh)
anche / *also, too* (= Ahn-keh)
spaghetti / *spaghetti* (= spah-gEh-tteeh)

The sound represented by gli is similar to the *lli* sound in *million* and the sound represented by gn is similar to the *ny* sound represented in *canyon*.

figlio / *son* (= fEEh-lyoh)
figlia / *daughter* (= fEEH-lyah)
gnocchi / *dumplings* (= nyOh-kkeeh)

Finally, the sound represented by z is similar to the *ts* or *ds* sound in *cats* or *lads*.

pizza (= pEEh-tsah)
zero / *zero* (= dsEh-roh).

Now, try your hand at the following:

BRAIN TICKLERS
Set # 3

Each word or expression is missing a letter or sequence of letters. Complete it.

1. ...razie!
2. Pre...o!
3. Buon...orno!
4. Buon pomeri...o!
5. ...ao!
6. Arriveder...i!
7. Mi ...iamo Marco.
8. Ra...aele
9. ...ena
10. Fili...o
11. no...o
12. no...a
13. ...azz
14. ...ogurt

15. ...eekend
16. ...aratè
17. ...ovanni
18. ...inema
19. an...e
20. spa...etti
21. ...atto
22. ...ente
23. ...ane
24. fi...o
25. fi...a
26. ...occhi
27. ...ero
28. pi...a

(Answers are on page 15.)

As you have seen, proper nouns—like the names of people—are capitalized. Most other nouns are not capitalized in Italian, unless they are, of course, the first word in a sentence. This includes days, months, and so on. Let's not worry about this now. We'll get back to it later.

Capitalized	Claudia, Pina, ...
Not Capitalized	cena, anche, ...

TITLES

An important fact to know is that titles are not capitalized, by and large. Here are some pretty important ones for you to learn.

Masculine Titles
Notice that -e is dropped before a name

signore / *Mr.*

Come va, signor Verdi? / *How's it going Mr. Verdi?*

professore / *Prof.*

(Use it with both high school and university instructors)

Come va, professor Rossi? / *How's it going Prof. Rossi?*

dottore / *Dr.*

Come va, dottor Bianchi? / *How's it going Dr. Bianchi?*

Feminine Titles

signora / *Mrs.*, signorina / *Miss, Ms.*

Come va, signora/signorina Verdi? /
How's it going Mrs./Miss Verdi?

professoressa / *Prof.*

(Use it with both high school and university instructors)

Come va, professoressa Rossi? / How's it going Prof. Rossi?

dottoressa / *Dr.*

Come va, dottoressa Bianchi? / How's it going Dr. Bianchi?

Now, try your hand at the following:

BRAIN TICKLERS
Set # 4

Greet each of the following in an appropriate manner. If you are told to greet Pina, simply say Ciao, Pina! But if you are instructed to ask Professor Verdi, a female, how she is, you would say Professoressa Verdi, come va? Got it? Just follow instructions carefully.

1. Greet Raffaele, asking him how he is.
2. Greet Dr. Bianchi, a male, in the evening, asking him how he is.
3. Greet Dr. Verdi, a female, in the morning, asking her how she is.
4. Say good-bye to Professor Rossi, a male, in the evening.
5. Say good-bye to Professor Marchi, a female, in the morning.
6. Greet Mr. Bianchi in the evening, asking him how he is.
7. Greet Mrs. Verdi, a female, in the morning, asking her how she is.
8. Say good-bye to Miss Rossi in the evening.
9. Say good-bye to Claudia.

(Answers are on page 16.)

Finally, before starting with the first chapter, you should know a few basic things about Italy.

BASIC FACTS ABOUT ITALY

Italy, called **l'Italia**, is in southern Europe. It is rich in culture and natural beauty, with many spectacular churches and large central market squares, called **piazze** (singular **la piazza**). Italy's museums contain some of the world's best-known art. Italy is blessed with warm, sandy beaches, together with high, glacier-topped mountain peaks. And let's not forget its rolling hills covered with green fields and vineyards.

Italy has the form of a boot-shaped peninsula (**una penisola**) extending into the Mediterranean Sea (**il Mar(e) Mediterraneo**). It has two large islands, Sicily (**la Sicilia**) and Sardinia (**la Sardegna**). It also has two independent states within its borders: the Republic of San Marino (**la Repubblica di San Marino**), in the north-central part, and Vatican City (**il Vaticano**), which is within the city of Rome.

Italy's landscape is dominated by two mountain ranges—the Alps (**le Alpi**) and the Apennines (**gli Appennini**). The Alps cover most of the north; the Apennines run nearly through the entire length of the peninsula.

The country boasts a large number of famous cities. Rome (**Roma**), the capital and largest city of Italy, was the hub of the Roman Empire over 2,000 years ago. Florence (**Firenze**) was the home of the Renaissance (**il Rinascimento**), a period of great achievements in the arts and sciences. And Venice (**Venezia**), with its intricate canal system, has a truly unique culture.

Il Canal Grande

In 1946, the people of Italy voted to abolish the monarchy. Italy has had a republican form of government ever since, experiencing great economic and industrial expansion. Today, Italy is one of Europe's wealthiest and most modern regions.

BRAIN TICKLERS
Set # 5

As your final exercise, can you supply the Italian versions of the following?

1. The capital of Italy
2. A period of great achievements in the arts and sciences
3. The city seen as the home of the Renaissance
4. The city of canals
5. Italy itself
6. Market squares
7. Italy's shape
8. The sea into which Italy extends
9. Italy's two main mountain chains
10. The two main islands of Italy
11. The two independent states within Italy

(Answers are on page 16.)

BRAIN TICKLERS—THE ANSWERS

Set # 1, page 3

A.
1. va
2. Ciao
3. Grazie
4. Prego
5. ci
6. Ciao / Arrivederci

B.
1. Buonasera!
2. Buonasera! / ArrivederLa!
3. Buongiorno! / ArrivederLa!
4. Buongiorno!
5. Buonanotte!

C.
1. Ciao!
2. Buongiorno!
3. Buon pomeriggio!
4. Ciao! / Buon pomeriggio!
5. Buonasera!
6. Buonanotte!
7. Ciao! / Arrivederci!
8. Buongiorno! / ArrivederLa!
9. Buon pomeriggio! / ArrivederLa!
10. Buonasera! / ArrivederLa!
11. Grazie!
12. Prego!
13. Come va?
14. Ci vediamo!

Set # 2, page 5

[Answers will vary]
1. Mi chiamo + *your name.*
2. Sono italiana.
3. Sono italiano.
4. Sono americano.
5. Sono americana.

Set # 3, page 9

1. Grazie!
2. Prego!
3. Buongiorno!
4. Buon pomeriggio!
5. Ciao!
6. Arrivederci!
7. Mi chiamo Marco.
8. Raffaele
9. cena
10. Filippo
11. nonno
12. nonna
13. jazz
14. yogurt
15. weekend
16. karatè
17. Giovanni
18. cinema
19. anche
20. spaghetti
21. gatto
22. gente
23. cane

24. figlio
25. figlia
26. gnocchi
27. zero
28. pizza

Set # 4, page 11

1. Ciao Raffaele, come va?
2. Buonasera dottor Bianchi, come va?
3. Buongiorno dottoressa Verdi, come va?
4. Buonasera / ArrivederLa professor Rossi.
5. Buongiorno / ArrivederLa professoressa Marchi.
6. Buonasera signor Bianchi, come va?
7. Buongiorno signora Verdi, come va?
8. Buonasera/ArrivederLa signorina Rossi.
9. Ciao / Arrivederci, Claudia!

Set # 5, page 14

1. Roma
2. il Rinascimento
3. Firenze
4. Venezia
5. l'Italia
6. piazze
7. una penisola
8. il Mar Mediterraneo
9. le Alpi *and* gli Appennini
10. la Sicilia *and* la Sardegna
11. la Repubblica di San Marino *and* il Vaticano

Ecco la mia famiglia!

Here's My Family!

THE FAMILY

Marco is a great little guy! He wants you to meet his family. He has made a list of the Italian names for family members just for you. Read it carefully. Then read what he has written for you, just below.

La famiglia (fah-mEEh-lyah) / The Family

mio padre / *my father*	mia madre / *my mother*
mio fratello / *my brother*	mia sorella / *my sister*
mio nonno / *my grandfather*	mia nonna / *my grandmother*
mio zio (dzEEh-oh) / *my uncle*	mia zia (dzEEh-ah) / *my aunt*
mio cugino / *my (boy) cousin*	mia cugina / *my (girl) cousin*

La mia famiglia *è molto grande.* Mio padre *si chiama* Giorgio. Mia madre si chiama Claudia. *I miei genitori sono molto simpatici.*

Ho anche due (2) fratelli, Gino *e* Franco, e due sorelle, Lucia e Emilia. *Nella mia* famiglia *ci sono* anche i miei nonni, i miei zii e i miei cugini. Ho due nonni, quattro (4) zii e otto (8) cugini. *Tutti noi siamo* americani. Siamo *di origine* (oh-rEEh-jeeh-neh) *italiana, ma viviamo* negli *Stati Uniti.*

Mio padre è *insegnante* (eehn-seh-nyAhn-teh) e mia madre è *medico* (mEh-deeh-koh). Anche uno dei miei fratelli, Gino, è medico. Una delle mie sorelle, Emilia, è *avvocato. Io,* Franco e Lucia (looh-chEEh-ah) siamo *ancora studenti.* I miei nonni *sono in pensione* e vivono in Florida. *Sono fortunato perché* ho una famiglia *grande* e *felice* (feh-lEEh-cheh).

Vocabolario

è molto grande	*is very big*
si chiama	*is called*
I miei genitori sono molto simpatici	*My parents are very nice*
Ho anche	*I also have*
e	*and*

Nella mia	*In my*
ci sono	*there are*
Tutti noi siamo	*All of us are*
di origine italiana	*of Italian origin*
ma viviamo	*but we live*
Stati Uniti	*United States*
insegnante	*teacher*
medico	*doctor*
avvocato	*lawyer*
Io	*I*
ancora studenti	*still students*
sono in pensione	*are retired*
Sono fortunato perché	*I am lucky because*
grande	*big*
felice	*happy*

Every chapter will start off with a set of exercises and activities based on the reading and the new vocabulary. You will also find additional information as you do the exercises with boxes titled Attenzione! *(Attention!). This heading is used throughout a chapter. Pay attention to it when it comes up! You will find the answers to most exercises and activities at the end of each chapter.*

Attenzione!

Come si chiama il padre di Marco?
What's Marco's father's name?

Il padre di Marco si chiama Giorgio.
Marco's father's name is Giorgio.

Come si chiamano (kyAh-mah-noh) le sorelle di Marco?
What are the names of Marco's sisters?

Le sorelle di Marco si chiamano Lucia e Emilia.
Marco's sisters' names are Lucia and Emilia.

BRAIN TICKLERS
Set # 6

A. Answer all questions as completely as possible. Look at the box on the previous page and imitate it carefully. Don't worry about what each word or form means. Just try your best at answering each question following the given models (in each of the Attenzione boxes).

1. Come si chiama la madre di Marco?
2. Come si chiamano i fratelli di Marco?

Attenzione!

Come?	*How?*
Com'è la famiglia di Marco?	*How is Marco's family?*
Chi (kEEh)?	*Who?*
Chi è Marco?	*Who is Marco?*
Chi sono Gino e Franco?	*Who are Gino and Franco?*
Dove?	*Where?*
Dove vivono (vEEh-voh-noh) i nonni?	*Where do the grandparents live?*

---

3. Com'è la famiglia di Marco?
4. Come sono i genitori di Marco?
5. Chi sono Gino e Franco?
6. Chi sono Lucia e Emilia?
7. Dove vivono tutti?
8. Dove vivono i nonni?
9. Com'è la famiglia di Marco?

Attenzione!

Quanto (-a) (kwAhn-toh)?	*How much?*
Quanti (-e)?	*How many?*
Quanti zii ha Marco?	*How many uncles does Marco have?*
Quante sorelle ha Marco?	*How many sisters does Marco have?*

10. Quanti fratelli ha Marco?
11. Quante sorelle ha Marco?
12. Quanti zii ha Marco?
13. Quanti cugini ha Marco?

Attenzione!

Che (kEh)? / Che cosa?	*What?*
Che (cosa) fa il padre?	*What does the father do?*
Il padre è insegnante.	*The father is a teacher.*
Che fanno i nonni?	*What do the grandparents do?*

14. Che (cosa) fa la madre di Marco?
15. Che (cosa) fa una delle sorelle di Marco?
16. Che (cosa) fanno i nonni di Marco?
17. Che (cosa) fa uno dei fratelli di Marco?

Attenzione!

Perché (pehr-kEh)?	*Why?*
Perché ha…	*Because he has…*

18. Perché è fortunato Marco?

LEARNING TIP!

As you were doing exercise A you learned how to use question words. Learn these and try to use them whenever you can:

che/che cosa	*what*	chi	*who*
come	*how*	dove	*where*
quanto	*how much*	perché	*why*

Attenzione!

Notice that i genitori means *parents*. To refer to *relatives* use i parenti.

Come ti chiami

Come ti chiami? means literally *How do you call yourself?* It is how you ask someone's name or give your own.

Come ti chiami? / *What's your name?*
Mi chiamo Marco. / *My name is Marco.*

Come si chiama? means literally *How does he or she call himself or herself?*
Come si chiamano (kyAh-mah-noh)? means literally *How do they call themselves?*

Come si chiama il padre di Marco? / *What's the name of Marco's father?*
Il padre di Marco si chiama Giorgio. / *Mark's father is called Giorgio.*

Si e no!

sì / *yes*
Sì, sono americano. / *Yes, I am American (male).*

no / *no*
No, non sono americana. / *No, I am not American (female).*

non / *not*
o / *or*
Non ho fratelli o sorelle. / *I do not have brothers or sisters.*

B. Answer the following questions about yourself and your family.

1. Come ti chiami?
2. Come si chiama tuo *(your)* padre e che fa?
3. Come si chiama tua madre e che fa?
4. Hai *(do you have)* fratelli e sorelle?
5. Come si chiama tuo fratello? / Come si chiamano i tuoi fratelli?
6. Come si chiama tua sorella? / Come si chiamano le tue sorelle?
7. Hai i nonni?
8. Come si chiama tuo nonno? Come si chiama tua nonna?
9. Hai cugini? Quanti?
10. Sei *(are you)* felice?
11. Quanti parenti hai?
12. Come si chiamano? *(What are their names?)*

LEARNING TIP!

As you were doing exercise B you learned how to use mio / *my* and tuo / *your*. Notice that the endings change as does the noun. More about this later on!

C. Are the following statements true (vero) or false (falso) in your case? Circle the answer that applies to your situation.

1. Io sono figlio unico *(only son)* o figlia unica.   V   (F)
2. Mi chiamo Marcello.   V   (F)
3. Io sono americano (-a).   (V)   F
4. Io ho dodici anni *(I am 12)*.   V   (F)
5. Io ho due zii.   V   (F)
6. Mia cugina si chiama Maria.   V   (F)

7. I miei nonni vivono in Italia.   V (F)

8. Io sono fortunato (-a).   (V) F

9. Io sono felice.   (V) F

10. Io sono di origine italiana.   (V) F

Attenzione!

The words americano and italiano can have different meanings, depending on how you use them. If you say Marco è italiano / *Marco is Italian*, the word is an adjective; but if you say Mi piace l'italiano / *I like Italian*, it is a noun. Notice that you do not capitalize americano or italiano, either way (unless it is, of course, the first word in a sentence).

The negative word non *(not)* is placed in front of a verb.

Ho due fratelli. / *I have two brothers.*
Non ho fratelli. / *I don't have brothers.*
Maria è felice. / *Mary is happy.*
Maria non è felice. / *Mary is not happy.*
Mi piace l'italiano. / *I like Italian.*
Non mi piace l'italiano. / *I do not like Italian.*

D. Answer in the negative. If you are asked Maria è felice? / *Is Mary happy?* you answer No, Maria non è felice. / *No, Mary is not happy.*

1. Marco è fortunato?

2. Lucia è felice?

3. Giorgio è felice?

4. Emilia è fortunata?

5. Ti piace *(Do you like)* l'italiano *(the Italian language)*?

6. Debbie è di origine italiana?

7. Tutti vivono negli Stati Uniti?

E. Now, answer the following questions directed at you. Remember from the preliminary chapter that, if you are a male, choose the -o ending; but if you are female, choose the -a ending of a word such as fortunato (-a). If the word ends in -e, it does not change.

Mi piace, ti piace / I like, you like

ti piace	*you like*
Ti piace l'italiano?	*Do you like Italian?*
mi piace	*I like*
Sì, mi piace l'italiano.	*Yes, I like Italian.*
No, non mi piace l'italiano.	*No, I do not like Italian.*

1. Ti piace l'italiano?
2. Ti piace la tua famiglia?
3. Sei (*are you*) americano (-a)?
4. Sei fortunato (-a)?
5. Sei felice?

(Answers are on pages 36 and 37.)

UN PO' DI GRAMMATICA!

After having had plenty of practice with the new words and expressions, it is time to learn a little grammar. **Un po' di grammatica** *means, in fact, a bit of grammar. This section comes up right after vocabulary practice in every chapter. It will explain and expand upon the grammar you are learning. Always read it carefully.*

Nomi / Nouns

A *noun* is a word that names a person, place, thing, idea, quality, or any other of the things that make up our world. You can easily recognize a noun in Italian. It ends in a vowel. Very musical, don't you think? These vowels stand for *gender*.

When using nouns to talk about people, you will see that gender has a simple function—it allows you to distinguish them! If they name males, they are called (what else?) *masculine*; if they name females, they are called (guess what?) *feminine*. In general, if the noun ends in -o it is masculine, and if it ends in -a it is feminine. If it ends in -e it can be either:

Masculine in -o	Masculine in -e
ragazzo (rah-gAh-tsoh) / *boy*	padre / *father*
figlio (fEEh-lyoh) / *son*	cane / *dog*
bambino / *male child*	fiore / *flower*

Feminine in -a	Feminine in -e
ragazza (rah-gAh-tsah) / *girl*	madre / *mother*
figlia (fEEh-lyah) / *daughter*	chiave / *key*
bambina / *female child*	classe / *class of students*

Nouns can also identify objects and ideas. These too end in vowels. As you know, if they end in -o they are masculine, in -a feminine. If they end in -e, you will have to ask or look it up in a dictionary. In the glossaries at the back, such nouns are identified as masculine or feminine for your convenience.

L'articolo indeterminativo / **The Indefinite Article**

Let's take a closer look at how to identify nouns. In front of them you will often see an article. We will discuss the concept of article later on. For now, notice that the form **un** tells you that the noun is masculine and **una** (**un'** if it starts with a vowel) that it is feminine. There is a bit more to this, but let's not worry about it now. OK? By the way, they translate to the English forms *a/an*.

Masculine	Feminine
un albero (Ahl-beh-roh) / *a tree*	una casa / *a house, home*
un gatto / *a cat*	una finestra / *a window*
un libro / *a book*	una penna / *a pen*
un orologio / *a watch, clock*	una porta / *a door*
un tavolo (tAh-voh-loh) / *a table*	una scuola / *a school*
un cane / *a dog*	una chiave (kyAh-veh) / *a key*
un fiore / *a flower*	una classe / *a class of students*
un italiano / *an Italian (m.)*	un'italiana / *an Italian (f.)*

As you go along learning grammar, you will come across exercises to help you grasp the new ideas practically. Always do these when they come up!

BRAIN TICKLERS
Set # 7

Che cosa è? / *What is it?* Put an Italian name to these pictures. Use a complete sentence to identify each one. If you recognize a little boy, write È un bambino / *It is a boy.* Got it?

Che cosa è?

1.   2.   3.  4.

5.   6.   7.  8.

(Answers are on page 37.)

Now, let's complete what you will need to know about the indefinite article. You will need to learn just one more form, **uno**. When do you use it? You use it if the noun is masculine and starts with **z** (as in **uno zio** / *an uncle*) or **s** + *consonant*, as in **uno studente** / *a student*. This form does not apply to feminine nouns, of course.

Masculine	Feminine
uno zio / *an uncle*	una zia / *an aunt*
uno studente / *a male student*	una studentessa / *a female student*

BRAIN TICKLERS
Set # 8

A. Continue naming people and things, without pictures, this time. Say what each one is in Italian: È un bambino, È un libro, etc.

1. tree
2. table
3. window
4. flower
5. door
6. key
7. class
8. son
9. daughter
10. a male American
11. a female American (*Be careful! The feminine noun starts with a vowel.*)
12. a male Italian
13. a female Italian (*Be careful again!*)
14. a sister

15. a brother

16. an uncle

17. an aunt

18. a male student

19. a female student

20. a boy

21. a girl

Attenzione!

ho	I have	sono	I am	c'è	there is, is there
hai	you have	sei	you are	non c'è	there is not

B. Now, answer the following things about your family and other aspects of your home. If you are asked something like Hai un fratello? you could answer Sì, ho un fratello or No, non ho un fratello.

1. Hai un fratello?

2. Hai una sorella?

3. Sei di origine italiana?

4. C'è un albero dove vivi (where you live)?

5. Hai un cane o un gatto?

6. Hai un libro e una penna?

7. Sei uno studente o una studentessa?

(Answers are on page 37.)

LEARNING TIP!

As you were doing exercise B you learned how to use the verbs avere / to have and essere / to be in small part. Learn these and try to use them whenever you can. You will learn more about these and other verbs as we go along, starting in the next chapter.

Nomi al plurale / **Plural Nouns**

One book, two books; one pen, two pens—what's up? It's called making nouns *plural*. We make nouns plural all the time, so that we can talk about more than one person or thing. OK, how do we make Italian nouns plural? First, if the noun ends in -o or in -e, change the ending to -i. Easy, no?

Singular	Plural
un libro / *a book*	due libri / *two books*
un bambino / *a boy*	due bambini / *two boys*
un albero / *a tree*	due alberi / *two trees*
un italiano / *an Italian*	due italiani / *two Italians*
uno zio / *an uncle*	due zii / *two uncles*
un fiore / *a flower*	due fiori / *two flowers*
un cane / *a dog*	due cani / *two dogs*
una classe / *a class*	due classi / *two classes*
una chiave / *a key*	due chiavi / *two keys*

However, if it ends in -a, change the ending to -e.

una penna / *a pen*	due penne / *two pens*
una ragazza / *a girl*	due ragazze / *two girls*
una casa / *a house*	due case / *two houses*
un'italiana / *an Italian*	due italiane / *two Italians*

Confused? Don't worry, it will get easier with a little practice.

The Numbers 1–10

Attenzione!

Learn the first ten numbers! They'll come in handy.

1 uno	6 sei
2 due	7 sette
3 tre	8 otto
4 quattro (kwAh-ttroh)	9 nove
5 cinque (chEEhn-kweh)	10 dieci

è / *it is*   sono / *they are*
c'è / *there is*   ci sono / *there are*

BRAIN TICKLERS
Set # 9

Here's a straightforward exercise for you.
Make each sentence plural. If you are given
È un libro (4), *say* Sono quattro libri.

1. È un libro (2).
2. Ho una penna (10).
3. È un fiore (3).
4. C'è un albero (9).
5. È un gatto (4).
6. Ho un cane (5).
7. È un tavolo (6).
8. C'è una chiave (8).
9. È una casa (7).
10. È una scuola (10).
11. È una finestra (9).

12. È una porta (2).

13. È una classe (5).

14. C'è un insegnante (5).

15. È uno zio (3).

16. È uno studente (5).

17. È un ragazzo (4).

18. È una ragazza (5).

(Answers are on page 38.)

ESPRESSIONI

After grammar you will be exposed to a few **espressioni**, *which are expressions. This section introduces colorful ways of speaking, proverbs, and the like. Always read it carefully.*

An *idiom* is a peculiar or characteristic way to express something, and is essential in learning a language. For example, while English uses the verb *to be* when referring to the weather—*It is cold, It is hot*, etc.—Italian uses **fare** instead, which means *to do, make*:

Fa freddo.	*It is cold.*
Fa caldo.	*It is hot.*

Sayings express long-established truths. Many of these can be easily converted into Italian. Here are two examples of common sayings:

Tal padre, tal figlio.   *Like father, like son.*

Cognates

Cognates are words that are similar in form in English and Italian and have the same meaning. Cognates are extremely useful in learning Italian, simply because they are words you can easily recognize. Examples of cognates are:

Italian	English
piano	*piano*
naturale	*natural*
rosa	*rose*
socievole (soh-chEh-voh-leh)	*sociable*
famiglia	*family*
persona	*person*

BRAIN TICKLERS
Set # 10

A. Match each picture to an appropriate expression.

1.

(a) Fa caldo.
(b) Fa freddo.

2.

(a) Fa caldo.
(b) Fa freddo.

3.

(a) Tal padre, tal figlio.
(b) Sono due bambini.

4.

(a) È un albero.
(b) È una rosa.

5.

(a) Sono due rose naturali.
(b) Sono due persone socievoli.

B. Answer sì or no, truthfully.

1. Sei una persona socievole?
2. Ti piace il freddo?
3. Ti piace il caldo?
4. Sei come *(like)* tuo padre o tua madre?
5. Ti piace ascoltare *(to listen to)* il piano?
6. Ti piace la tua famiglia?

(Answers are on page 38.)

CULTURA E COMUNICAZIONE

After getting through all the grammar and new expressions, it comes time to learn something about Italian cultura, *which means culture, or about* comunicazione, *which means communication, or both (in some chapters). Always read this brief segment carefully.*

Names

Italians, like Americans, have two names—a first (**il nome**) and a second or family name (**il cognome**). Guess what? Names are like any other kind of noun. They end in a vowel. You have already encountered names in the preliminary chapter, by the way.

Masculine Names	Feminine Names
Roberto	Roberta
Emilio	Emilia
Mario	Maria
Gino	Gina
Giovanni	Giovanna

Italian, like English, also uses nicknames, such as **Gianni** for **Giovanni** and **Gianna** for **Giovanna**.

Many English common first names are cognates in Italian: that is, they are derived from the same source. Here are a few:

Charles	**Carlo**	*Anthony*	**Antonio**
Elizabeth	**Elisabetta**	*Louis*	**Luigi**
Emily	**Emilia**	*Phillip*	**Filippo**
Robert	**Roberto**	*Christine*	**Cristina**
Mary	**Maria**	*Anne*	**Anna**
Peter	**Pietro**	*Mark*	**Marco**
Paul	**Paolo**	*Joseph*	**Giuseppe**
Margaret	**Margherita**	*John*	**Giovanni**
Susan	**Susanna**	*Ralph*	**Raffaele**

BRAIN TICKLERS
Set # 11

A. Give the corresponding feminine or masculine name.

1. Roberto   3. Maria   5. Gina
2. Emilia   4. Gianni

B. Match the English first name of the left column with the Italian one in the right column:

1. Michael   (a) Arturo
2. Sarah   (b) Giuseppina
3. Sophie   (c) Tommaso
4. Christopher (d) Rosa
5. George   (e) Alessandro
6. Josephine   (f) Sofia
7. Thomas   (g) Cristofero
8. Arthur   (h) Michele
9. Alexander   (i) Sara
10. Rose   (j) Giorgio

(Answers are on page 38.)

BRAIN TICKLERS—THE ANSWERS

Set # 6, page 20

A.

1. La madre di Marco si chiama Claudia.
2. I fratelli di Marco si chiamano Gino e Franco.
3. La famiglia di Marco è molto grande.
4. I genitori di Marco sono molto simpatici.
5. Gino e Franco sono i fratelli di Marco.
6. Lucia e Emilia sono le sorelle di Marco.
7. Tutti vivono negli Stati Uniti.
8. I nonni vivono in Florida.
9. La famiglia di Marco è grande e felice.
10. Marco ha due fratelli.
11. Marco ha due sorelle.
12. Marco ha quattro zii.
13. Marco ha otto cugini.
14. La madre di Marco è medico.
15. Una delle sorelle di Marco è avvocato.
16. I nonni di Marco sono in pensione.
17. Uno dei fratelli di Marco è medico.
18. Marco è fortunato perché ha una famiglia grande e felice.

B. [Answers will vary]

1. Mi chiamo + *your name*.
2. Mio padre si chiama + *his name* e è + *his job or profession* (if you know how to say it in Italian).
3. Mia madre si chiama + *her name* e è + *her job or profession* (if you know how to say it in Italian).
4. Sì/No.
5. Mio fratello si chiama + *his name*. / I miei fratelli si chiamano + *their names*.
6. Mia sorella si chiama + *her name*. / Le mie sorelle si chiamano + *their names*.
7. Sì ho i nonni. / No, non ho i nonni.
8. Mio nonno si chiama + *his name*. / Mia nonna si chiama + *her name*.
9. Sì ho + *number* + cugini. / No, non ho cugini.
10. Sì, sono felice. / No, non sono felice.
11. *Give any appropriate number.*
12. Si chiamano + *names*.

C. [Answers will vary]

D.

1. No, Marco non è fortunato.
2. No, Lucia non è felice.
3. No, Giorgio non è felice.
4. No, Emilia non è fortunata.
5. No, non mi piace l'italiano.
6. No, Debbie non è di origine italiana.
7. No, tutti non vivono negli Stati Uniti.

E.

1. Sì, mi piace l'italiano. / No, non mi piace l'italiano.
2. Sì, mi piace la mia famiglia. / No, non mi piace la mia famiglia.
3. Sì, sono americano (-a). / No, non sono americano (-a).
4. Sì, sono fortunato (-a). / No, non sono fortunato (-a).
5. Sì, sono felice. / No, non sono felice.

Set # 7, page 27

1. È un cane.
2. È un gatto.
3. È un bambino. / È una bambina.
4. È un libro.
5. È una penna.
6. È una casa.
7. È una scuola.
8. È un orologio.

Set # 8, page 28

A.

1. È un albero.
2. È un tavolo.
3. È una finestra.
4. È un fiore.
5. È una porta.
6. È una chiave.
7. È una classe.
8. È un figlio.
9. È una figlia.
10. È un americano.
11. È un'americana. *(Notice that you need the apostrophe in this case.)*
12. È un italiano.
13. È un'italiana. *(Notice the apostrophe again.)*
14. È una sorella.
15. È un fratello.
16. È uno zio.
17. È una zia.
18. È uno studente.
19. È una studentessa.
20. È un ragazzo.
21. È una ragazza.

B. [Answers will vary]

1. Sì, ho un fratello. / No, non ho un fratello. / Ho due fratelli…
2. Sì, ho una sorella. / No, non ho una sorella. / Ho due sorelle…
3. Sì, sono d'origine italiana. / No, non sono d'origine italiana.
4. Sì, c'è un albero. / No, non c'è un albero.

5. Sì, ho un cane. / Sì, ho un gatto. / Sì, ho un cane e un gatto. / No, non ho un cane…
6. Sì, ho un libro e una penna. / No, non ho un libro e una penna…
7. Sì, sono uno studente (una studentessa). / No, non sono uno studente (una studentessa).

Set # 9, page 31

1. Sono due libri.
2. Ho dieci penne.
3. Sono tre fiori.
4. Ci sono nove alberi.
5. Sono quattro gatti.
6. Ho cinque cani.
7. Sono sei tavoli.
8. Ci sono otto chiavi.
9. Sono sette case.
10. Sono dieci scuole.
11. Sono nove finestre.
12. Sono due porte.
13. Sono cinque classi.
14. Ci sono cinque insegnanti.
15. Sono tre zii.
16. Sono cinque studenti.
17. Sono quattro ragazzi.
18. Sono cinque ragazze.

Set # 10, page 33

1. (a)
2. (b)
3. (a)
4. (a)
5. (b)

B. [Answers will vary]

Set # 11, page 35

A.

1. Roberta
2. Emilio
3. Mario
4. Gianna
5. Gino

B.

1. (h)
2. (i)
3. (f)
4. (g)
5. (j)
6. (b)
7. (c)
8. (a)
9. (e)
10. (d)

Ecco la mia scuola!

Here's My School!

AT SCHOOL

Maria loves her school. She wants you to know all about it. Here is a list she has made of the people, places, and things that make up her world at school. Read her list carefully. Then read below it what she wrote to you about her school.

A scuola! / At School!

la mia insegnante / *my (female) teacher*
il mio insegnante / *my (male) teacher*
il mio compagno / *my (male) chum/classmate*
la mia compagna / *my (female) chum/classmate*
la mia classe / *my classmates*
la mia aula (also classe) / *my classroom*
il mio banco / *my desk*
la mia penna / *my pen*
la mia matita / *my pencil*
il mio portatile (pohr-tAh-teeh-leh) / *my laptop*
il mio cellulare / *my cell phone*
il mio dispositivo mobile (mOh-beeh-leh) / *my mobile device*

Ecco la mia scuola. *Ci sono* due insegnanti *che* mi piacciono (pyAh-choh-noh) *molto.* Ho anche molti compagni. I miei compagni *preferiti* sono Marco, Franco, Pina, Sofia e Bruna. *Ma* mi piace *tutta* la mia *classe.*

Ogni giorno porto il mio cellulare *a* scuola. Nella mia aula c'è il mio banco e ci sono anche i banchi dei miei compagni. Mi piace molto la mia classe.

Porto *sempre con me* due penne e due matite, perché mi piace *scrivere* (skrEEh-veh-reh) tutto! *Invece per i compiti* (kOhm-pee-teeh) *uso* il mio portatile. E per *comunicare* con i miei compagni, uso il cellulare o il mio dispositivo mobile.

Mi piace molto la mia scuola!

Vocabolario

Ecco	*Here is*
Ci sono	*There are*

che	*who*
molto	*a lot*
preferiti	*favorite*
Ma	*But*
tutta	*all*
classe	*classroom/class*
Ogni giorno porto	*Every day, I bring*
a	*to*
Nella	*In*
sempre con me	*always with me*
scrivere	*to write*
Invece per	*Instead for*
compiti	*assignments (homework)*
uso	*I use*
comunicare	*to communicate*

BRAIN TICKLERS
Set # 12

A. Let's see how much you remember about Maria's school. Answer the questions with complete sentences, like you did in the previous chapter, if it is at all possible.

1. Quanti insegnanti piacciono a Maria?
   (How many teachers does Maria like?)
2. Quanti compagni ha Maria?
3. Chi sono i compagni preferiti di Maria?
4. Piace tutta la classe a Maria?
5. Che cosa porta ogni giorno a scuola Maria?
6. Che cosa c'è nell'aula di Maria?
7. Che cosa piace molto a Maria?
8. Che cosa porta sempre con sé *(with her)*?
9. Che cosa usa per i compiti?
10. Che cosa usa per comunicare con i suoi *(her)* compagni di scuola?

Attenzione!

Notice that when asking a question, you really should put the subject at the end. Take, for example, Maria as the subject:

Quanti compagni ha Maria? / *How many chums does Maria have?*
Ha molti compagni Maria? / *Does Maria have many chums?*

Get it? This is how the preceding questions were phrased, by the way.

LEARNING TIP!

Notice that piacere / *to like* really means *to be pleasing to* and that is why the preceding questions and answers required a / *to*.

Quanti insegnanti piacciono a Maria? = *How many teachers are pleasing to Maria?*
Due insegnanti piacciono a Maria. = *Two teachers are pleasing to Maria.*

B. Answer the following questions about yourself and your school.

1. Ti piace la tua scuola?
2. Hai un cellulare?
3. Hai un portatile?
4. Che cosa porti sempre con te *(with you)*?
5. Che cosa usi per comunicare con i compagni?

Attenzione!

Notice how to render the idea of *Maria's friend, Franco's laptop*, etc.

il compagno di Maria = literally *the friend of Maria*
il portatile di Franco = literally *the laptop of Franco*
etc.

C. If you are asked Che cosa è? / *What is it?* indicate that the given
item belongs to the person mentioned. For example, if you are given
la penna/Maria you would say È la penna di Maria, which means,
of course, *It is Mary's pen.* Similarly, if asked Chi è? / *Who is it?*
and given il compagno/Maria you would say È il compagno di
Maria / *He is Mary's chum.*

However, if you are asked Dov'è? / *Where is it?* and given il
portatile/Franco, point to the object given and say Ecco il portatile
di Franco, which means *There (or here) is Franco's laptop.*

1. Chi è? / l'insegnante/Maria
2. Che cosa è? / il cellulare/Sofia
3. Che cosa è? / il portatile/Marco
4. Chi è? / la compagna/Sara
5. Dov'è? / il banco/Maria
6. Dov'è? / l'aula Maria
7. Dov'è? / l'insegnante/Sofia
8. Che cosa è? / il dispositivo mobile/Maria

Attenzione!

Ecco means *here is/here are* and *there is/there are.* It is used when
actually pointing out someone or something.

Ecco Maria! / *There's Mary!*
Ecco i miei compagni! / *Here are my friends!*

To indicate that someone or something *is here* or *there* without pointing to it/them, use c'è (singular) and ci sono (plural), as you have
been doing for two chapters, by the way.

C'è un cellulare in aula. / *There is a cell phone in the classroom.*
Ci sono molti studenti in classe. / *There are many students in class.*

D. Now, let's practice using these expressions. If you are asked Dov'è
Marco? / *Where's Mark?* or Dov'è la compagna di Maria? /
Where's Mary's chum? you would answer, as you know by now,
Ecco Marco / *There's Mark* or Ecco la compagna di Maria /
There's Mary's chum.

However, if you are asked C'è Marco in classe? / *Is Mark in class?* or Ci sono i compagni di Maria? / *Are Mary's friends here?* answer in the negative this time around. So, you would say, No, Marco non c'è in classe / *No, Mark is not in class* or No, non ci sono i compagni di Maria / *No, Mary's chums are not here.* Easy, no?

1. Dov'è l'insegnante di Maria?
2. C'è Franco in aula?
3. Ci sono i compagni di Sofia in classe?
4. Dov'è il compagno di Paolo?
5. C'è Paolo a scuola?
6. Ci sono i banchi in classe?
7. Dove sono le penne di Maria?
8. C'è il portatile di Maria in classe?
9. Ci sono le compagne di Alessandro in classe?

Making Nouns or Adjectives Plural

Attenzione!

Did you notice how the plural form of banco was spelled in Maria's note to you?

Here's what you should know. If a noun or adjective (which we will soon discuss) ends in -co, the hard sound is retained in the plural, written as -chi, if a consonant or the vowels a, o, u precede the ending.

un banco / *a desk*   due banchi / *two desks*
un gioco / *a game*   due giochi / *two games*

Otherwise the soft sound is used, written as -ci.

un medico / *a doctor*   due medici / *two doctors*
un amico / *a male friend*   due amici / *two male friends*

This is not a rule of grammar. It is only a guideline—and a good one at that. There are, however, some exceptions to it, but not many.

E. OK, let's get in some practice. If you have forgotten about making nouns plural, simply go back to the previous chapter and reread all about it.

Here's what to do. If you are asked C'è un banco a scuola? / *Is there a desk in the school?* you would answer Sì, ci sono sempre banchi a scuola / *Yes, there are always desks in the school.* The questions will vary, but your answer is always yes.

1. C'è un gioco a scuola?
2. C'è un insegnante a scuola?
3. C'è un banco a scuola?
4. C'è un medico a scuola?
5. C'è un amico di Maria a scuola?

Attenzione!

If the noun or adjective ends in -go the hard sound is normally retained in the plural, written as -ghi.

un albergo / *a hotel*   due alberghi / *two hotels*

There are a few exceptions to this. But not many. They occur mainly if the noun ends in -logo, and refers to a professional or practitioner.

un biologo / *a biologist*   due biologi / *two biologists*

6. C'è un albergo nella città *(in the city)*?
7. C'è un biologo all'università *(at the university)*?

Attenzione!

If the noun or adjective ends in -ca or -ga, plural formation is much less complicated! In this case, the hard sound is always retained in the plural, written as -che and -ghe respectively.

un'amica / *a female friend*   due amiche / *two female friends*
una riga / *a ruler*   due righe / *two rulers*

8. C'è un'amica di Sara a scuola?

9. C'è una riga in classe?

Attenzione!

If the noun or adjective ends in -cio, -cia, -gio, or -gia, the plural forms are written as -ci, -ce, -gi, and -ge respectively.

un bacio / *a kiss*   molti baci / *many kisses*
una faccia / *a face*   molte facce / *many faces*
un orologio / *a watch*   molti orologi / *many watches*
una valigia / *a suitcase*   molte valige / *many suitcases*

There is one exception to this rule. Here it is.

una camicia / *a shirt*   due camicie / *two shirts*

Also, if the -i is stressed, then it is retained in the plural.

una farmacia (fahr-mah-chEEh-ah) / *a pharmacy*
due farmacie (fahr-mah-chEEh-eh) / *two pharmacies*

This time around, simply answer in the plural. If you are asked Che cosa sono? / *What are they?* and given the word albergo, you would answer simply Sono alberghi / *They are hotels.* Easy, no?

10. Che cosa sono? / bacio

11. Che cosa sono? / camicia

12. Che cosa sono? / faccia

13. Che cosa sono? / farmacia

14. Che cosa sono? / orologio

15. Che cosa sono? / valigia

Attenzione!

The word classe can mean *classmates* or *classroom*. The word lezione (feminine) is used to refer to a *class* in the sense of *lesson*.

Oggi ho lezione di matematica. / *Today I have a math class.*
Oggi non ho lezione di italiano. / *Today, I do not have an Italian class.*

Note these useful words and learn them!

oggi	*today*
la matematica (mah-teh-mAh-teeh-kah)	*mathematics*
la geografia (jeh-oh-grah-fEEh-ah)	*geography*
la storia	*history*
la letteratura	*literature*
le lingue (singular la lingua)	*languages*

And, finally...

Sono bravo (-a) in...	*I'm good in...*
Sono bravo (-a) in matematica.	*I'm good in math.*

F. Are the following statements true (vero) or false (falso) in your case? Select the answer that applies to your situation.

1. Nella mia scuola ci sono molti studenti.   V   F
2. La mia insegnante/Il mio insegnante è bravo (-a).   V   F
3. Io ho molti compagni a scuola.   V   F
4. Ho sempre molte lezioni ogni giorno.   V   F
5. Oggi, invece *(instead)*, non ho lezione.   V   F
6. Mi piace molto la matematica.   V   F
7. Sono bravo (-a) in geografia.   V   F
8. Non sono bravo (-a) nelle lingue.   V   F
9. Mi piace molto la letteratura.   V   F
10. Sono molto bravo (-a) in storia.   V   F

(Answers are on pages 65 and 66.)

UN PO' DI GRAMMATICA!

Mio e tuo / Mine and Yours

You have been using the forms for *my* and *your*, known as possessives (if you care to know), for almost two complete chapters now. You may have also noticed that the forms vary according to the noun they modify. OK, you may ask, what does this mean? Well, if the noun is masculine and singular, then the possessive must agree with it and, thus, also be masculine and singular. This means, as you may guess by now, that it will end in -o.

If the noun is feminine and singular, guess what? Well, the possessive must agree with it and, thus, also be feminine and singular. This means, as you certainly know by now, that it will end in -a. Let's look at a few examples. By the way, the article is part of the possessive. So, learn it along with the actual form. OK?

Masculine Singular	Feminine Singular
il mio compagno / *my male chum/ classmate*	la mia compagna / *my female chum/classmate*
il mio portatile / *my laptop*	la mia chiave / *my key*
il tuo amico / *your male friend*	la tua amica / *your female friend*
il tuo cellulare / *your cell phone*	la tua lezione / *your class*

Easy, no? There is one little hitch, as always. If the noun refers to a family member, don't use the article. That's it!

Masculine Singular	Feminine Singular
mio fratello / *my brother*	mia sorella / *my sister*
mio padre / *my father*	mia madre / *my mother*
tuo zio / *your uncle*	tua zia / *your aunt*
tuo cugino / *your male cousin*	tua cugina / *your female cousin*

Now, what if the nouns are plural? Well, as you might suspect, you will have to make the possessives (and their articles) plural as well. In the case of the feminine forms, this means simply changing the -a to -e. In the case of the masculine forms, the ending is (as expected) changed to -i, but the actual possessive word itself is also modified a bit. No big deal. Again, learn the article forms by heart. We will deal with the definite article in the next chapter. By then you will probably already know it thoroughly.

Masculine Plural	Feminine Plural
i miei compagni / *my male chums*	le mie compagne / *my female chums*
i miei portatili / *my laptops*	le mie chiavi / *my keys*
i tuoi amici / *your male friends*	le tue amiche / *your female friends*
i tuoi cellulari / *your cell phones*	le tue lezioni / *your classes*

By the way, in the plural, you will always have to use the article, even with nouns referring to family members.

Masculine Singular	Masculine Plural
mio fratello / *my brother*	i miei fratelli / *my brothers*
tuo zio / *your uncle*	i tuoi zii / *your uncles*

Feminine Singular	Feminine Plural
mia sorella / *my sister*	le mie sorelle / *my sisters*
tua zia / *your aunt*	le tue zie / *your aunts*

BRAIN TICKLERS
Set # 13

A. Point out that each of the following people or items are yours or associated with you. For example, if you are given matite say Ecco le mie matite / *Here are my pencils.* If you are given fratello say Ecco mio fratello / *Here is my brother.* Remember? No article is needed if the noun refers to a family member and is singular!

Dov'è? / Dove sono?

1. genitori	5. sorella
2. amica	6. cugini
3. cellulare	7. padre
4. compagne	8. zii

Now, continue by asking someone if the people or items indicated are his or hers or associated with him or her. For example, if you are given matite say Sono le tue matite? / *Are they your pencils?* If given fratello say È tuo fratello? / *Is he your brother?* Simple, no?

9. amici

10. penna

11. orologio

12. amiche

13. madre

14. zie

15. zio

16. cugini

B. Finally, answer the following questions directed at you with complete sentences.

1. Come si chiama tuo padre?
2. Come si chiama il tuo insegnante/la tua insegnante?
3. Come si chiamano i tuoi amici *(friends in general)*?
4. Come si chiama tua madre?
5. Come si chiamano le tue amiche?

(Answers are on page 66.)

Parlare / To Speak

The time has come to learn about verbs. What is a verb? It is a word that expresses an action—eating, speaking, and so on. An Italian verb can be easily recognized in a dictionary. It ends in one of three ways, -are, -ere, or -ire. This form of the verb is called the *infinitive*, if you're interested in knowing. So, when you see the form parlare in a dictionary it is the infinitive and it means *to speak*.

You will certainly need to know how to use a verb. This means that you will have to know, first and foremost, how to *conjugate* verbs in a tense, such as the present indicative tense. This tense (as it is called) allows you to speak in the present—that is, to say such things as *I am, I speak, he has*, etc. in Italian. Before conjugating verbs, however, learn these important subject pronouns right away! You have already been using a number of them here and there.

io	*I* [Note: It is not capitalized, unless it is the first word in a sentence!]
tu	*you (informal: with friends, family members, etc.)*
Lei	*you (formal: with strangers, etc.)* [Note: It is always capitalized!]
lui	*he*
lei	*she*
noi	*we*
voi	*you (plural)*
loro	*they*

OK, here we go. To conjugate parlare, take away the characteristic ending (-are) first: parl-. Then add the following endings to it. Each ending allows you to specify who is speaking.

io parl*o*	*I speak, I am speaking*
tu parl*i*	*you speak, you are speaking (informal)*
Lei parl*a*	*you speak, you are speaking (formal)*
lui parl*a*	*he speaks, he is speaking*
lei parl*a*	*she speaks, she is speaking*
noi parl*iamo*	*we speak, we are speaking*
voi parl*ate*	*you (more than one) speak, you are speaking*
loro parl*ano* (pAhr-lah-noh)	*they speak, they are speaking*

That's all there really is to it. Don't forget to put non before the verb if you want to make it negative: Io non parlo italiano / *I do not speak Italian.* Here are a few follow-up comments. First, notice that you do not really have to use the pronouns, since the ending already tells you all you need to know.

io parlo   or simply, parlo

However, you will need them if more than one subject is required.

Tu e io parliamo italiano. / *You and I speak Italian.*
Tu e lui parlate inglese. / *You and he speak English.*

You will also need to use a pronoun after anche and other similar words.

Anche io parlo italiano. / *I too speak Italian.*
Anche loro parlano inglese. / *They also speak English.*

Remember the difference between formal and informal speech? If not, go back to the preliminary chapter and reread the relevant part. Basically, if you are talking to a friend or family member, use the tu form of the verb. This is informal speech. If you are talking to a stranger, and others with whom you are not on a first name basis, use the Lei form of the verb.

Formal	Informal
Signor Dini, (Lei) parla inglese? *Mr. Dini, do you speak English?*	Marco, (tu) parli inglese? *Marco, do you speak English?*
Signora Dini, (Lei) parla italiano? *Mrs. Dini, do you speak Italian?*	Maria, (tu) parli italiano? *Maria, do you speak Italian?*

In the plural—addressing more than one person—use voi forms for both formal and informal. That is the most common way Italians address each other.

Marco e Maria, parlate inglese?
Marco and Maria, do you speak English?

Signor Dini e signora Dini, parlate inglese?
Mr. and Mrs. Dini, do you speak English?

One more thing. Would you like to learn a few more verbs ending in -are? Here they are:

studiare	*to study*
guardare	*to watch, look at*
imparare	*to learn*
abitare	*to live*

Needless to say, you conjugate these in the same way as parlare.

BRAIN TICKLERS
Set # 14

A. Choose the form of the verb that completes each sentence.

1. Marco ... la televisione *(television)* ogni giorno.
   (a) guarda
   (b) guardano

2. Anche io ... la matematica a scuola.
   (a) impara
   (b) imparo

3. Maria, tu ... storia, vero *(right)*?
   (a) studi [NOTE: Only one i is used.]
   (b) studia

4. Signorina Marchi, anche Lei ... storia, vero?
   (a) studi
   (b) studia

5. Noi ... inglese.
   (a) parliamo
   (b) parlate

6. Anche voi ... inglese, vero?
   (a) parliamo
   (b) parlate

7. I miei amici ... geografia.
   (a) studiano
   (b) studiamo

8. Anche i tuoi amici ... la televisione ogni giorno, vero?
   (a) guardiamo
   (b) guardano

Attenzione!

a + city name = in + city name
a Roma / *in Rome*   a Pisa / *in Pisa*
a New York / *in New York* a Chicago / *in Chicago*

in città   *in a city*
in centro   *downtown*

9. Maria ... in centro.
   (a) abita
   (b) abito

10. Loro, invece, ... a New York.
    (a) abitano
    (b) abitiamo

Attenzione!

Here are two more -are verbs.

cercare   *to search for, look for*
pagare   *to pay*

The hard sounds of c and g for such verbs are retained. This is shown by writing an "h" before the two endings beginning with i (as shown below):

tu cerchi / tu paghi   *you search for / you pay (informal)*
noi cerchiamo / noi paghiamo   *we search for / we pay*

This does not apply to the other forms (io cerco/io pago, etc.)

11. I miei amici ... sempre tutto.
    (a) pagano
    (b) paghiamo

12. Anche noi ... sempre tutto.
    (a) pagano
    (b) paghiamo

13. Maria, che cosa ...?
    (a) cerchi
    (b) cerca

14. Signora Dini, che cosa ...?
    (a) cerchi
    (b) cerca

15. Anche noi ... una penna.
    (a) cerchiamo
    (b) cercate

16. Anche voi ... una penna, vero?
    (a) cerchiamo
    (b) cercate

Attenzione!

Here are yet two more -are verbs:

| cominciare | to begin, start |
| mangiare | to eat |

The soft c and g sounds in -ciare and -giare are retained. For this reason, there is no need to write two i's in the two endings starting with i:

| tu cominci / tu mangi | you begin / you eat (informal) |
| noi cominciamo / noi mangiamo | we begin / we eat |

The other endings are regular (io comincio/io mangio, etc.).

17. La scuola ... oggi.
    (a) cominci
    (b) comincia

18. Maria, oggi tu ... a studiare la matematica, vero?
    (a) cominci
    (b) comincia

19. Che cosa ... voi?
    (a) mangiamo
    (b) mangiate

20. Anche noi ... la pizza.
    (a) mangiamo
    (b) mangiate

B. Now answer these questions about yourself.

Attenzione!

quale?	*which?*
Quale lingua parli?	*Which language do you speak?*
Quali lingue parli?	*Which languages do you speak?*

Languages

italiano	*Italian*	spagnolo	*Spanish*
inglese	*English*	tedesco	*German*
francese	*French*		

---

1. Che cosa mangi ogni giorno?
2. Quali lingue parli?
3. Quale lingua studi?
4. Ti piace l'italiano?

(Answers are on pages 66 and 67.)

Avere e essere / To Have and To Be

In this and previous chapters you have been using the forms of two verbs often: avere / *to have* and essere / *to be*. Remember? These are called infinitives. Unlike parlare and the other verbs you have been conjugating so far, these do not follow any "regular" pattern. Guess what? For this reason they are called "irregular." You will simply have to memorize their forms.

Here they are. By the way, the "h" is not pronounced. It is "silent," as they say.

essere — *to be*	avere — *to have*
(io) sono / *I am*	(io) ho / *I have*
(tu) sei / *you are (informal)*	(tu) hai / *you have (informal)*
(Lei) è / *you are (formal)*	(Lei) ha / *you have (formal)*
(lui) è / *he is*	(lui) ha / *he has*
(lei) è / *she is*	(lei) ha / *she has*
(noi) siamo / *we are*	(noi) abbiamo / *we have*
(voi) siete / *you are (plural)*	(voi) avete / *you have (plural)*
(loro) sono / *they are*	(loro) hanno / *they have*

BRAIN TICKLERS
Set # 15

Here's a simple exercise for you. Simply complete each sentence with the appropriate forms of avere (ho, hai, and so on) or essere (sono, sei, and so on) according to what is being said in the sentence.

1. Marco .è. uno studente.
2. Marco ha molti amici.
3. Io sono americano e anche mia cugina è. americana.
4. Noi siamo studenti, ma non abbiamo lezioni oggi.
5. I miei amici sono molto bravi in matematica, ma oggi (loro) non hanno lezione.
6. Io non ho lezioni oggi. Maria, tu hai molte lezioni, vero?
7. Maria, sei felice, vero? Invece Lei, signora Marchi, non è. felice, vero?
8. Anche voi siete italiani, vero?
9. Marco e Maria, avete lezione voi oggi?

(Answers are on page 67.)

Mi piace / I Like It

Piacere is a tricky verb. We will deal with it at various points in this book. For now, just remember the following. To say you *like something* use **mi piace** + *singular noun* and **mi piacciono** (pyAh-choh-noh) + *plural noun*. You have already been doing this, remember?

Singular	Plural
Mi piace il fiore. / *I like the flower.*	Mi piacciono i fiori. / *I like the flowers.*
Mi piace la lezione. / *I like the class.*	Mi piacciono le lezioni. / *I like the classes.*

Simple rule, isn't it? Actually, the reason for this is that the Italian verb **piacere a** really translates *to be pleasing to*. So, the above sentences are really to be translated as *The flower is pleasing to me, The flowers are pleasing to me,* and so on.

To translate *you like* you will have to have the same kind of conversion in your mind. The pronoun in this case is **ti**:

Singular	Plural
Ti piace il fiore. / *You like the flower.*	Ti piacciono i fiori. / *You like the flowers.*
Ti piace la classe. / *You like the class.*	Ti piacciono le classi. / *You like the classes.*

Mi and **ti** are called *indirect object pronouns.* Let's not worry about them now. We will deal with them a little later. They do come in handy, though.

BRAIN TICKLERS
Set # 16

Indicate whether or not you like the following people and things. If given il tuo insegnante / *your teacher*, you could answer Sì, mi piace il mio insegnante. / *Yes, I like my teacher.* —or, of course, No, non mi piace il mio insegnante. / *No, I do not like my teacher.*

1. la tua famiglia
2. i tuoi parenti (relatives)
3. la tua scuola

4. le tue lezioni
5. il tuo cellulare
6. i tuoi cugini

(Answers are on page 67.)

ESPRESSIONI

The Numbers 11–20

Counting in Italian is easy, as you saw in the previous chapter, where you learned the numbers from 1–10. Review them if you have forgotten them. Here are the numbers from 11–20.

11 **undici** (Oohn-deeh-cheeh)
12 **dodici** (dOh-deeh-cheeh)
13 **tredici** (trEh-deeh-cheeh)
14 **quattordici** (kwah-ttOhr-deeh-cheeh)
15 **quindici** (kwEEhn-deeh-cheeh)
16 **sedici** (sEh-deeh-cheeh)
17 **diciassette** (deeh-chah-ssEh-tteh)
18 **diciotto** (deeh-chOh-ttoh)
19 **diciannove** (deeh-chah-nnOh-veh)
20 **venti**

There are some important expressions that require numbers. Here are a few.

To ask and give your age:

> **Quanti anni hai?** / *How old are you?*
> (literally *How many years do you have?*)
> **Ho dodici anni.** / *I am twelve years old.*
> **Quanti anni ha tuo cugino?** / *How old is your cousin?*
> **Mio cugino ha diciannove anni.** / *My cousin is nineteen years old.*

To ask for and give your phone number and address.

> **Dove abiti?** / *Where do you live?*
> **Abito in via Verdi, numero** (nOOh-meh-roh) **dodici.** /
> *I live at 12 Verdi St. (I live on Verdi Street, number 12.)*
>
> **Qual è il tuo numero di telefono** (teh-lEh-foh-noh)**?** /
> *What's your phone number?*
> **Il mio numero di telefono è…** / *My phone number is…*

BRAIN TICKLERS
Set # 17

A. You have been assigned the task of ordering things for your school. How many of the following will you need to order? Well, whatever you are told. For example, if given penne/11, you would say Abbiamo bisogno di undici penne / *We need eleven pens*. Notice the useful expression avere bisogno di / *to need*, which means, literally, *to have need of*.

1. matite / 12
2. righe / 20
3. portatili / 13

4. pizze / 19
5. banchi / 14
6. penne / 15

7. cellulari / 17
8. chiavi / 16
9. fiori / 18

B. Answer these questions in complete sentences, writing out the numbers in Italian:

1. Quanti anni hai?
2. Dove abiti?
3. Qual è il tuo numero di telefono?
4. Quanti amici hai?
5. Quante lezioni hai ogni giorno?

(Answers are on page 67.)

CULTURA E COMUNICAZIONE

Formal vs. Informal Address

Remember titles and formal versus informal address? Well, at school you will need to know how to distinguish between the two ways of communicating with people. It is part of Italian culture and communication style to do so!

Here's the gist of it. If speaking to a friend or family member, use informal address. As you know by now this means **tu** forms of the verb. If addressing a teacher or superior, use his or her title (if necessary) and the **Lei** forms of the verb. The title **professore / professoressa** is used with a teacher in junior or high school, as well as with a professor at a college or university. Here are a few examples.

Formal	Informal
Buongiorno, professore / *Good day, Professor*	Ciao, Maria / *Hi, Mary*
Dove abita (Lei)? / *Where do you live?*	Dove abiti (tu)? / *Where do you live?*
Come si chiama (Lei)? / *What's your name?*	Come ti chiami (tu)? *What's your name?*
(Lei) è americano (-a)? / *Are you American?*	(Tu) sei americano (-a)? / *Are you American?*

When you say mi chiamo in Italian, you're saying *my name is* (or *I am called.*) *What is your name?* in Italian can thus be asked in two ways:

Formal	Informal
Come si chiama?	Come ti chiami?
Qual è il Suo nome?	Qual è il tuo nome?

To the first type you respond:

Mi chiamo... *formal*

To the second you respond:

Il mio nome è... *informa*

Social media are everywhere today. So, here are some important expressions for you to learn, even though most are simply taken from English.

i media sociali / *social media*
Facebook (*m.*) / *Facebook.*
Io sono su Facebook. / *I'm on Facebook.*
Twitter (*m.*) / *Twitter*
Seguo i miei amici su Twitter. / *I follow my friends on Twitter.* [seguire / *to follow*]
il sito web / *website*
l'e-mail (*f.*) / *e-mail*
l'SMS (*m.*) / *text message*
Mando un SMS a mia sorella. / *I am sending a text message to my sister.* [mandare / *to send*]
l'indirizzo elettronico (e-mail) (eh-leh-trOh-neeh-koh) / *e-mail address*
Gianni@gmail.it / *Gianni* – *chiocciola* (kyOh-choh-lah) – *gmail* – *punto* – *it* (*Italia*)

BRAIN TICKLERS
Set # 18

A. Ask the following people what their name is, in two ways:

1. a professor (male or female, your choice)
2. a school friend

Answer each question, using any name you desire.

3. (professor)
4. (friend)

Ask each one where he or she lives.

5. (professor)
6. (friend)

Say good-bye to each one.

7. (professor)
8. (friend)

B. How would you say the following in Italian?

1. Maria, what is your e-mail address?
2. My e-mail address is *maria@gmail.it*?
3. I am sending my brother a text message.
4. I am not on Facebook, but I follow many friends on (su) Twitter.
5. I do not like social media, but I have a website.

C. Now give us the following.

1. il tuo indirizzo e-mail
2. il tuo sito web
3. il tuo indirizzo Facebook e Twitter

(Answers are on pages 67 and 68.)

BRAIN TICKLERS—THE ANSWERS

Set # 12, page 41

A.
1. Due insegnanti piacciono molto a Maria. / A Maria piacciono molto due insegnanti.
2. Maria ha molti compagni.
3. I compagni preferiti di Maria sono Marco, Franco, Pina, Sofia e Bruna.
4. Sì, tutta la classe piace a Maria. / Sì, a Maria piace tutta la classe.
5. Ogni giorno Maria porta il cellulare a scuola.
6. Nell'aula di Maria ci sono i banchi.
7. Piace molto scrivere a Maria. / A Maria piace molto scrivere.
8. Porta sempre con sé due penne e due matite.
9. Per i compiti usa il portatile.
10. Per comunicare con i suoi compagni di scuola usa il cellulare o un dispositivo mobile.

B. [Answers will vary]
1. Sì, mi piace (la mia scuola). / No, non mi piace (la mia scuola).
2. Sì, ho un cellulare. / No, non ho un cellulare.
3. Sì, ho un portatile. / No, non ho un portatile.
4. Porto sempre una penna, un cellulare, …
5. Uso il cellulare. / Uso un dispositivo mobile. /…

C.
1. È l'insegnante di Maria.
2. È il cellulare di Sofia.
3. È il portatile di Marco.
4. È la compagna di Sara.
5. Ecco il banco di Maria.
6. Ecco l'aula di Maria.
7. Ecco l'insegnante di Sofia.
8. È il dispositivo mobile di Maria.

D.
1. Ecco l'insegnante di Maria.
2. No, non c'è Franco in aula.
3. No, non ci sono i compagni di Sofia in classe.
4. Ecco il compagno di Paolo.
5. No, non c'è Paolo a scuola.
6. No, non ci sono i banchi in classe.
7. Ecco le penne di Maria.
8. No, non c'è il portatile di Maria in classe.
9. No, non ci sono le compagne di Alessandro in classe.

E.
1. Sì, ci sono sempre giochi a scuola.
2. Sì, ci sono sempre insegnanti a scuola.
3. Sì, ci sono sempre banchi a scuola.
4. Sì, ci sono sempre medici a scuola.
5. Sì, ci sono sempre amici di Maria a scuola.
6. Sì, ci sono sempre alberghi nella città.
7. Sì, ci sono sempre biologi all'università.
8. Sì, ci sono sempre amiche di Sara a scuola.
9. Sì, ci sono sempre righe in classe.
10. Sono baci.
11. Sono camicie.
12. Sono facce.
13. Sono farmacie.
14. Sono orologi.
15. Sono valige.

F. [Answers will vary]

Set # 13, page 50
1. Ecco i miei genitori.
2. Ecco la mia amica.
3. Ecco il mio cellulare.
4. Ecco le mie compagne.
5. Ecco mia sorella. *(The article is not used in the singular with family nouns)*
6. Ecco i miei cugini. *(The article is restored if*

the family nouns are in the plural)
7. Ecco mio padre.
8. Ecco i miei zii.
9. Sono i tuoi amici?
10. È la tua penna?
11. È il tuo orologio?
12. Sono le tue amiche?
13. È tua madre?
14. Sono le tue zie?
15. È tuo zio?
16. Sono i tuoi cugini?

B. [Answers will vary]
1. Mio padre si chiama + *name.*
2. Il mio insegnante / La mia insegnante si chiama + *name.*
3. I miei amici si chiamano + *names.*
4. Mia madre si chiama + *name.*
5. Le mie amiche si chiamano + *names.*

Set # 14, page 54
A.

1. (a)	11. (a)
2. (b)	12. (b)
3. (a)	13. (a)
4. (b)	14. (b)
5. (a)	15. (a)
6. (b)	16. (b)
7. (a)	17. (b)
8. (b)	18. (a)
9. (a)	19. (b)
10. (a)	20. (a)

B. [Answers will vary]
1. Ogni giorno (io) mangio …
2. Parlo …
3. Studio…
4. Sì, mi piace. / No, non mi piace.

Set # 15, page 58

1. è
2. ha
3. sono, è
4. siamo, abbiamo
5. sono, hanno
6. ho, hai
7. sei, è
8. siete
9. avete

Set # 16, page 60

1. Sì, mi piace la mia famiglia. / No, non mi piace la mia famiglia.
2. Sì, mi piacciono i miei parenti. / No, non mi piacciono i miei parenti.
3. Sì, mi piace la mia scuola. / No, non mi piace la mia scuola.
4. Sì, mi piacciono le mie lezioni. / No, non mi piacciono le mie lezioni.
5. Sì, mi piace il mio cellulare. / No, non mi piace il mio cellulare.
6. Sì, mi piacciono i miei cugini. / No, non mi piacciono i miei cugini.

Set # 17, page 61

A.
1. Abbiamo bisogno di dodici matite.
2. Abbiamo bisogno di venti righe.
3. Abbiamo bisogno di tredici portatili.
4. Abbiamo bisogno di diciannove pizze.
5. Abbiamo bisogno di quattordici banchi.
6. Abbiamo bisogno di quindici penne.
7. Abbiamo bisogno di diciassette cellulari.
8. Abbiamo bisogno di sedici chiavi.
9. Abbiamo bisogno di diciotto fiori.

B. [Answers will vary]
1. Ho … anni. (*If you are older than 20 simply say* "Ho molti anni" *for now*)
2. Abito in via …, numero …
3. Il mio numero di telefono è…
4. Ho … amici.
5. Ho … lezioni ogni giorno.

Set # 18, page 64

A.
1. Professore/Professoressa, come si chiama (Lei)? / Professore/Professoressa, qual è il Suo nome?
2. Come ti chiami? / Qual è il tuo nome?

3. Mi chiamo…/Il mio nome
è…
4. Mi chiamo…/Il mio nome
è…
5. Dove abita,
professore/professoressa?
6. Dove abiti?
7. ArrivederLa.
8. Ciao. / Arrivederci.

B.
1. Maria, qual è il tuo indirizzo elettronico / il tuo
indirizzo e-mail?

2. Il mio indirizzo elettronico
è *maria chiocciola gmail
punto it.*
3. Mando un SMS a mio
fratello.
4. (Io) non sono su Facebook,
ma seguo molti amici su
Twitter.
5. Non mi piacciono i media
sociali, ma ho un sito web.

C. [Answers will vary]

Ecco la mia casa!

Here's My Home!

THE HOME

Pasquale loves his home. By the way, he is Maria's brother and Marco's best friend. He wants to welcome you to his house. He has made a list of rooms and parts of the house. Read his list carefully. He also has written you a brief note about it below. Read it carefully too.

La casa! / The Home!

la casa / *the house* or *home*
il pavimento / *the floor*
il soffitto / *the ceiling*
il tetto / *the roof*
l'entrata / *the entrance*
il giardino / *the yard, garden*
il muro / *the wall*
la cucina / *the kitchen*
la camera (kAh-meh-rah) / *the bedroom*
il salotto / *the living room*
il bagno / *the bathroom*
la sala da pranzo / *the dining room*
la porta / *the door*
la finestra / *the window*

Io *vivo* in una casa che è *nuova e bella*. Le porte e le finestre sono *moderne*, il pavimento è *grande*, e il soffitto è *alto*. L'entrata è molto *spaziosa*.

Anche il *nostro* tetto è *nuovo*, e il giardino è molto bello. *Vado spesso lì a giocare* con i miei amici e con il nostro cane, Fuffi! C'è un muro *intorno al* giardino, *altrimenti* Fuffi *di solito* (sOh-leeh-toh) *scappa via!*

La cucina, il salotto, le camere, la sala da pranzo, e anche il bagno, sono *stanze* spaziose e moderne. Mi piace tutta la mia casa, e mi piace molto anche tutta la mia famiglia, e *infine amo* Fuffi, che *fa parte della* nostra famiglia!

Sono un ragazzo fortunato, *non è vero?*

Vocabolario

vivo	*I live*
nuova e bella	*new and beautiful*
moderne	*modern*
grande	*large (big)*
alto	*high (tall)*
spaziosa	*spacious*
nostro	*our*
Vado	*I go*
spesso lì	*often there*
giocare	*to play*
intorno al	*around*
altrimenti	*otherwise*
di solito	*usually*
scappa via	*runs away*
stanze	*rooms*
infine amo	*finally, I love*
fa parte della	*is part of*
non è vero	*don't you think so*

Attenzione!

Notice that non è vero? is the expression used to get someone to agree with you.

La mia casa è bella, non è vero?	*My house is beautiful, don't you think?*
Fuffi è simpatico, non è vero?	*Fuffi is nice, isn't he?*
secondo	*according to*
Fuffi è simpatico, secondo Pasquale.	*Fuffi is nice, according to Pasquale.*

BRAIN TICKLERS
Set # 19

A. Let's see how much you remember about what Pasquale wrote. Answer each question with a complete sentence.

1. Com'è la casa di Pasquale, secondo Pasquale?
2. Come sono le porte e le finestre?
3. Com'è il pavimento?
4. Com'è il soffitto?
5. Com'è l'entrata?
6. Com'è il tetto?
7. Com'è il giardino, secondo Pasquale?
8. Dove va Pasquale spesso a giocare?
9. Come si chiama il cane di Pasquale?
10. Perché c'è un muro intorno al giardino?
11. Come sono le stanze?
12. È un ragazzo fortunato, Pasquale, non è vero?

B. Now, what about your house?

Attenzione!

grande / *big*	piccolo (pEEh-koh-loh) / *small*
bello / *beautiful*	brutto / *ugly*
buono / *good*	cattivo / *bad*

1. Com'è la tua casa?
2. Quante stanze ha?
3. Come sono?

4. Hai un cane o un gatto? Come si chiama?

5. La tua casa ha una giardino? Com'è?

6. Vivi *(Do you live)* in un appartamento *(apartment)*?

7. Ti piace la tua casa?

(Answers are on page 90.)

Andare e fare / **To Go and To Do, Make**

Attenzione!

Pasquale used two verbs, by the way, that are irregular: andare / *to go* and fare / *to do, make*. You know what that means, don't you? You will simply have to memorize their conjugations. Here they are (inf. = informal, for. = formal, pl. = plural).

andare +o go	**fare** to make / to do
(io) vado / *I go, am going*	(io) faccio / *I do, am doing*
(tu) vai / *you go, are going* (inf.)	(tu) fai / *you do, are doing* (inf.)
(Lei) va / *you go, are going* (for.)	(Lei) fa / *you do, are doing* (for.)
(lui) va / *he goes, is going*	(lui) fa / *he does, is doing*
(lei) va / *she goes, is going*	(lei) fa / *she does, is doing*
(noi) andiamo / *we go, are going*	(noi) facciamo / *we do, are doing*
(voi) andate / *you go, are going* (pl.)	(voi) fate / *you do, are doing* (pl.)
(loro) vanno / *they go, are going*	(loro) fanno / *they do, are doing*

BRAIN TICKLERS
Set # 20

fa caldo
fa freddo

A. Each sentence is missing a form of either andare or fare. Can you supply it? By the way, do you remember how to say *It is hot* or *It is cold*? If not, review chapter 1. Here's a hint: you will have to use the verb fare.

> ### Attenzione!
>
> quando / *when*   come / *like, as*

1. Io ... in giardino di solito con il mio cane.
2. Anche tu ... sempre in giardino, non è vero?
3. Signora Marchi, Lei ... in Italia ogni anno, non è vero?
4. Anche nostro zio ... in Italia di solito ogni anno.
5. Io ... i miei compiti ogni giorno, come Pasquale.
6. Anche tu ... i compiti ogni giorno, non è vero?
7. Oggi ... molto caldo.
8. Di solito ... freddo.
9. Anche noi ... spesso in Italia, come i nostri amici.
10. Noi non ... i compiti ogni giorno.
11. Quando ... voi di solito in Italia?
12. Quando ... i compiti, Pasquale e Marco?
13. Quando ... in Italia i tuoi genitori?
14. Che cosa ... i tuoi amici?

Nostro / Our

Attenzione!

Remember mio and tuo? Of course, you do. They are called possessives. Add nostro to the list. As you know, you must use the definite
article and change the ending to agree with the noun with possessives. Also, remember that the article is dropped with family members only in the singular. Here are a few examples.

Masculine Singular

il nostro cane / *our dog*
nostro zio / *our uncle*

Masculine Plural

i nostri cani / *our dogs*
i nostri zii / *our uncles*

Feminine Singular

la nostra casa / *our house*
nostra zia / *our aunt*

Feminine Plural

le nostre case / *our houses*
le nostre zie / *our aunts*

B. OK, let's put into practice all we know about the possessives
mio, tuo, and nostro. This is a simple exercise. Simply say in Italian
who possesses each item or to whom a certain person is related.
For example if given chiave / *my*, you would say È la mia chiave. /
It's my key. But if you are given amici / *our*, you would say Sono i
nostri amici. / *They are our friends.* Got it?

1. casa / *my*
2. stanza / *your*
3. cugina / *our*
4. cane / *our*
5. cugino / *your*
6. gatto / *my*

7. amiche / *my*
8. matite/ *your*
9. cugine / *our*
10. libri / *our*
11. cugini / *your*
12. cellulari / *my*

(Answers are on page 90.)

UN PO' DI GRAMMATICA!

L'articolo determinativo / The Definite Article

For almost three complete chapters you have been using the definite article *(the)* in Italian. For example, you have been using it with possessives and with new vocabulary. By now, you might have figured out what its forms are. But, just to be sure, here they are.

Let's start with its use before feminine nouns first. If the feminine noun starts with any <u>consonant</u>, use <u>la</u>, but if it starts with a <u>vowel</u>, use <u>l</u>'. In the <u>plural</u> use <u>le</u> in both cases. Easy, as you might have already figured out.

Feminine Singular	Feminine Plural
la ragazza / *the girl*	le ragazze / *the girls*
la zia / *the aunt*	le zie / *the aunts*
la studentessa / *the student*	le studentesse / *the students*
l'amica / *the friend*	le amiche / *the friends*
l'ora / *the hour*	le ore / *the hours*

Now, with masculine nouns, use <u>lo</u> and its <u>plural</u> form <u>gli</u> if the noun starts with <u>z or s</u> + *consonant*. Remember <u>uno</u> in chapter 1? Well, this is its corresponding definite article form.

Masculine Singular	Masculine Plural
lo zio / *the uncle*	gli zii / *the uncles*
lo studente / *the student*	gli studenti / *the students*

If it starts with any other consonant, use <u>il</u> and its plural form <u>i</u>:

Masculine Singular	Masculine Plural
il ragazzo / *the boy*	i ragazzi / *the boys*
il cane / *the dog*	i cani / *the dogs*

Finally, if it starts with a vowel, use l' and its plural form gli (again):

Masculine Singular	Masculine Plural
l'amico / *the friend*	gli amici / *the friends*
l'orologio / *the watch*	gli orologi / *the watches*

BRAIN TICKLERS
Set # 21

Below is a list of things that belong to Pasquale or a list of people who are related to him in some way. Complete the list with the definite article. For example, if you are given compagna, then you would say È la compagna di Pasquale / *She's Pasquale's school friend*. If you are given penne, then you would say Sono le penne di Pasquale / *They are Pasquale's pens*. We are going to use words from the first three chapters, so as to give you a chance to review your vocabulary.

1. portatile
2. amico
3. amica
4. banco
5. camera
6. chiavi
7. compagni
8. amici
9. orologi
10. zio
11. zii
12. libri
13. cellulare
14. camicia
15. spaghetti
16. matite

(Answers are on page 91.)

Vivere / To Live

In the previous chapter you learned how to recognize and conjugate verbs. The first type to which you were introduced ended in -are. Remember parlare, studiare, mangiare, cercare, and all the other verbs ending in this way? Well, if you are interested, they are called *first conjugation* verbs.

In his note to you, however, Pasquale used the verb vivere / *to live*, which, as you can see, does not end in -are, but in -ere. So, guess what verbs like vivere are called (what else?): *second conjugation* verbs. Here are a few others:

scrivere (skrEEh-veh-reh)	*to write*
leggere (lEh-jjeh-reh)	*to read*
prendere (prEhn-deh-reh)	*to take*

OK, so how does one conjugate these in the present indicative? Well, first, you take away the -ere ending: viv- (as you might guess). And then you add on the following endings. That's all there is to it.

(io) viv*o*	*I live, I am living*
(tu) viv*i*	*you live, you are living (informal)*
(Lei) viv*e*	*you live, you are living (formal)*
(lui) viv*e*	*he lives, he is living*
(lei) viv*e*	*she lives, she is living*
(noi) viv*iamo*	*we live, we are living*
(voi) viv*ete*	*you (more than one) live, you are living*
(loro) viv*ono* (vEEh-voh-noh)	*they live, they are living*

By the way, prendere is also used to indicate that you are having something to eat or drink:

Marco prende il caffè. / *Marco is having coffee.*
Maria non prende il caffè. / *Maria is not having coffee.*

BRAIN TICKLERS
Set # 22

A. Each sentence below has a blank in it. Fill it with the appropriate form of *vivere, scrivere, leggere,* or *prendere* according to the sense of the sentence. OK?

Attenzione!

il giornale / *the newspaper*
la rivista / *the magazine*

1. Maria, tu … in città, non è vero?
2. Anch'io … in città.
3. Signora Marchi, Lei … il caffè, non è vero?
4. Pasquale, tu non … il caffè, vero?
5. Che cosa … Pasquale sul suo *(on his)* profilo *(profile)* Facebook?
6. Noi … il giornale ogni giorno.
7. Voi … le riviste italiane, non è vero?
8. I miei parenti … tutti in Italia.
9. Tutti i miei amici parlano e … l'italiano molto bene *(well)*.
10. Noi … molte email ogni giorno.

B. Now, answer each question about yourself.

1. Dove vivi?
2. Tu prendi spesso il caffè?
3. Che cosa leggi spesso?
4. Che cosa leggono spesso i tuoi amici?
5. Quante email scrivi ogni giorno?

(Answers are on page 91.)

79

Gli aggettivi / Adjectives

Another thing you have learned how to do in the first three chapters (maybe without realizing it) is describing people and things with "descriptive words" known, more technically, as *adjectives*. Below is the list of all the adjectives you have come across, and a few more for good measure.

Notice that they are classified in two ways: (1) adjectives whose masculine singular forms end in -o, and (2) adjectives whose masculine singular forms end in -e. This is how adjectives are listed in a dictionary, by the way.

-o Adjectives

alto / *tall*
bello / *beautiful, handsome*
buono / *good*
fortunato / *lucky*
piccolo (pEEh-kkoh-loh) / *small*
vecchio / *old*
spazioso / *spacious*
magro / *skinny*
ricco / *rich*

basso / *short*
brutto / *ugly*
cattivo / *bad*
sfortunato / *unlucky*
nuovo / *new*
moderno / *modern*
grosso / *huge*
grasso / *fat*
povero (pOh-veh-roh) / *poor*

-e Adjectives

felice / *happy*
grande / *big, large*

triste / *sad*
giovane (jOh-vah-neh) / *young*

Now, if the noun modified by the adjective is masculine and singular keep the endings shown above; if it is plural change both -o and -e to -i. You should know this by now.

Masculine Singular

il ragazzo alto / *the tall boy*
il ragazzo felice / *the happy boy*
il padre alto / *the tall father*
il padre felice / *the happy father*

Feminine Singular

i ragazzi alti / *the tall boys*
i ragazzi felici / *the happy boys*
i padri alti / *the tall fathers*
i padri felici / *the happy fathers*

As you might guess, if the noun modified by the adjective is feminine and singular change the -o ending to -a, but keep the -e ending as it is; if it is plural change -a to -e and -e to -i.

Feminine Singular

la ragazza alta / *the tall girl*
la ragazza felice / *the happy girl*
la madre alta / *the tall mother*
la madre felice / *the happy mother*

Feminine Plural

le ragazze alte / *the tall girls*
le ragazze felici / *the happy girls*
le madri alte / *the tall mothers*
le madri felici / *the happy
mothers*

By the way, have you noticed that the adjective comes after the noun? That is its most "natural" position (unlike in English, where it comes before). Some adjectives can come before for a number of reasons. Let's not worry about it right now. Here are a few examples.

la casa nuova or la nuova casa / *the new house*
l'uomo giovane or il giovane uomo / *the young man*

Take a closer look at the last example! Look more specifically at the definite article. In the phrase l'uomo giovane it is l'. Why? Because it occurs before a masculine word beginning with a vowel. So far, so good. Now, in the phrase il giovane uomo, it is il. Why has it changed? Because it is now before a masculine word beginning with a consonant (not a vowel anymore). Get it? The moral to this story is to be careful with the form of the article when putting adjectives before or after.

BRAIN TICKLERS
Set # 23

A. People in Pasquale's family and circle of friends are opposites. If you are told that Pasquale is tall, say that Maria is short: Pasquale è alto? E Maria? / Is Pasquale tall? And Maria? Sì, Pasquale è alto, ma Maria è bassa. / Yes, Pasquale is tall, but Maria is short.

1. Pasquale è bello? E il cugino di Pasquale?
2. Gli zii di Pasquale sono buoni? E i compagni di Pasquale?
3. La sorella di Marco è fortunata? E l'amica di Marco?
4. Le amiche di Maria sono piccole? E le zie di Maria?
5. Il padre di Pasquale è vecchio? E gli amici di Pasquale?
6. Il cugino di Marco è magro? E l'amica di Marco?
7. Lo zio di Pasquale è ricco? E gli amici di Pasquale?
8. La cugina di Maria è felice? E la compagna di Maria?
9. L'amico di Pasquale è triste? E le amiche di Pasquale?

B. Now answer the following questions about yourself and your situation.

> ### Attenzione!
>
> l'uomo / *man* gli uomini (wOh-meeh-neeh) / *the men*
> la donna / *woman* le donne / *the women*

1. Tu sei un ragazzo o un uomo alto o basso? / Tu sei una ragazza o una donna alta o bassa?
2. La tua casa è nuova o vecchia?

3. Il tuo giardino è grande o piccolo?

4. Tu sei ricco (-a) o povero (-a)?

5. Sei alto (-a) o basso (-a)?

6. Sei sempre felice o triste?

(Answers are on page 91.)

Molto e tutto / Much and All

You have often come across a number of adjectives that come before the noun they modify, molto / *much, a lot* and tutto + definite article / *all the*, quale / *which*, and quanto / *how much*. By the way, an alternative for molto is tanto and its opposite is poco / *little*. The opposite of tutto is niente (and it never changes its ending because it is not an adjective).

Masculine Singular

molto caffè / *a lot of coffee*
tanto caffè / *a lot of coffee*
poco caffè / *a little coffee*
tutto il caffè / *all the coffee*
quanto caffè / *how much coffee*
quale caffè / *which coffee*

Masculine Plural

molti baci / *many kisses*
tanti baci / *many kisses*
pochi baci / *few kisses*
niente caffè / *no coffee*
quanti baci / *how many kisses*
quali baci / *which kisses*

Feminine Singular

molta pasta / *a lot of pasta*
tanta pasta / *a lot of pasta*
poca pasta / *a little pasta*
tutta la pasta / *all the pasta*
quanta pasta / *how much pasta*
quale pasta / *which pasta*

Feminine Plural

molte matite / *many pencils*
tante matite / *many pencils*
poche matite / *few pencils*
niente matite / *no pencils*
quante matite / *how many pencils*
quali matite / *which pencils*

By the way, <u>molto</u> can also mean *very*, as you may have noticed in previous chapters. When it does, you don't have to worry about its ending. Why? Because it is an adverb when it has this meaning, not an adjective.

> Mio fratello è molto felice. / *My brother is very happy.*
> Mia sorella è molto ricca. / *My sister is very rich.*
> I miei amici sono molto simpatici. / *My friends are very nice.*
> Anche le mie amiche sono molto simpatiche. / *My friends are also very nice.*

BRAIN TICKLERS
Set # 24

Choose the appropriate form, (a) or (b). Easy, no?

1. ... studenti sono in classe oggi?
   (a) Quanti
   (b) Quante

2. ... stanze sono grandi?
   (a) Quali
   (b) Quale

3. Io di solito mangio ... gli spaghetti.
   (a) tutti
   (b) tutte

4. Ci sono ... studenti in classe oggi.
   (a) molti
   (b) molte

5. Tu hai ... amiche, non è vero?
   (a) tanti
   (b) tante

6. Le mie amiche sono ... simpatiche.
   (a) molto
   (b) molte

7. Pasquale ha ... amici.
   (a) pochi
   (b) poche

8. Di solito mia sorella mangia ... la pizza.
   (a) tutto
   (b) tutta

(Answers are on page 92.)

ESPRESSIONI

Counting by Tens

You know how to count from 1 to 20. From then on it's simple. First, learn the number for the "tens" categories:

20	venti	80	ottanta
30	trenta	90	novanta
40	quaranta	100	cento
50	cinquanta	200	duecento
60	sessanta	300	trecento
70	settanta	400	quattrocento

All you do is add on the required number from 1 to 9 to get the other numbers. Here are a few examples:

24	venti + quattro = ventiquattro
37	trenta + sette = trentasette
145	cento + quaranta + cinque = cento quarantacinque
792	settecento + novanta + due = settecento novantadue

If the number begins with a vowel—uno or otto—drop the previous vowel:

51	cinquanta + uno = cinquantuno
68	sessanta + otto = sessantotto

And if it is tre, put an accent on it at the end:

| 83 | ottanta + tre = ottantatré |
| 103 | cento + tre = centotré |

Here are the names of the higher numbers:

1000	mille [plural mila]
2000	duemila
7000	settemila

1.000.000	un milione [Note that periods are used in place of commas in Italy]
2.000.000	due milioni
7.000.000	sette milioni

Numbers, as you have seen, come in handy in conversation. For example, you can use them to give your height and weight.

Quanto sei alto (-a)? / *How tall are you?*
Sono un metro e sessanta. / *I am a meter and 60 centimeters* [Note that the metric system is used in Italy].

Quanto pesi? / *How much do you weigh?*
Peso sessantatré chili. / *I weigh 63 kilograms.*

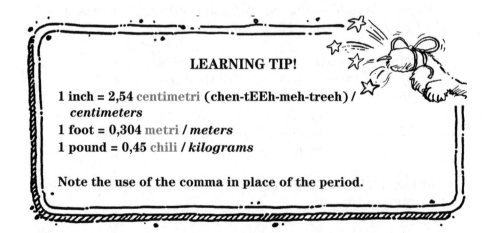

LEARNING TIP!

1 inch = 2,54 centimetri (chen-tEEh-meh-treeh) / *centimeters*
1 foot = 0,304 metri / *meters*
1 pound = 0,45 chili / *kilograms*

Note the use of the comma in place of the period.

BRAIN TICKLERS
Set # 25

A. Write out the Italian words for the digits.

1. 94
2. 158
3. 673
4. 1.231
5. 56.456
6. 1.345.000
7. 5.675.987

B. Can you convert the following into metric units, using Italian words?

1. 5 feet
2. 120 pounds

C. Now answer the following things about yourself.

1. Quanto sei alto (-a)?
2. Quanto pesi?

(Answers are on page 92.)

CULTURA E COMUNICAZIONE

Recall how to ask someone if he or she liked something?

> **Maria, ti piace la mia casa?** / *Maria, do you like my house?*
> **Pasquale, ti piacciono le stanze?** / *Pasquale, do you like the rooms?*

As you may have figured out, the ti is used for informal address. For formal address Le is used instead.

> **Signora Marchi, Le piace la mia casa?** / *Mrs. Marchi, do you like my house?*
> **Professor Dini, Le piacciono le stanze?** / *Professor Dini, do you like the rooms?*

Apartment Life

What if you lived in an apartment? Well, here are the kinds of words and expressions you will need to know.

l'appartamento / *the apartment*
l'edificio / *the building*
l'ascensore (m.) / *elevator*

il piano / *floor*
il campanello / *doorbell*

Asking How Someone Is

Now, how would you ask someone how he or she is, formally and informally? In this case, the verb is not essere but stare which means literally *to stay.*

Informal	Formal
Maria, come stai? / *Mary, how are you?*	Signora Marchi, come sta? / *Mrs. Marchi, how are you?*

Here are all the forms of stare—an irregular verb at that—in the present indicative.

(io) sto	*I am, I stay*
(tu) stai	*you are, you stay (informal)*
(Lei) sta	*you are, you stay (formal)*
(lui) sta	*he is, he stays*
(lei) sta	*she is, she stays*
(noi) stiamo	*we are, we stay*
(voi) state	*you (more than one) are, you stay*
(loro) stanno	*they are, they stay*

BRAIN TICKLERS
Set # 26

Do the following:

> ### Attenzione!
>
> Sto bene. / I am well.
> Sto male. / I am not well.
> Sto così, così. / I am so, so.
> Sto molto bene. / I am very well.

A.
1. Ask Pasquale how he is.
2. Ask Mr. Marchi how he is.
3. Ask Maria if she likes spaghetti.
4. Ask Mr. Guidi if he likes spaghetti.
5. Say that your brother and sister are well.
6. Ask Marco and Maria (together) how they are.
7. How would they answer together that they are so, so?
8. Say that you are not well.
9. Say that you are very well.

Now, how would you say the following?

B.
1. I like Gianni's apartment.
2. My building is very old (vecchio).
3. The elevator in my (nel mio) building is very small (piccolo).
4. There are ten floors in my building.
5. I do not like the sound (il suono) that my doorbell makes.

(Answers are on page 92.)

BRAIN TICKLERS—THE ANSWERS

Set # 19, page 72

A.
1. La casa di Pasquale è nuova e bella, secondo Pasquale.
2. Le porte e le finestre sono moderne.
3. Il pavimento è grande.
4. Il soffitto è alto.
5. L'entrata è molto spaziosa.
6. Il tetto è nuovo.
7. Il giardino è molto bello, secondo Pasquale.
8. Pasquale va spesso a giocare in (nel) giardino.
9. Il cane si chiama Fuffi.
10. C'è un muro intorno al giardino altrimenti Fuffi scappa via.
11. Le stanze sono spaziose e moderne.
12. Sì, Pasquale è un ragazzo fortunato.

B. [Answers will vary]
1. La mia casa è bella/grande/ piccola/brutta…
2. Ha…stanze.
3. Sono grandi/belle/ spaziose/…
4. Sì, ho un cane, un gatto. Si chiama…/No, non ho un cane, un gatto.
5. Sì, la mia casa ha un giardino. È grande/ spazioso/,…/La mia casa non ha un giardino.

6. Sì, vivo in un appartamento./No, non vivo in un appartamento.
7. Sì, mi piace./No, non mi piace.

Set # 20, page 74

A.
1. vado
2. vai
3. va
4. va
5. faccio
6. fai
7. fa
8. fa
9. andiamo
10. facciamo
11. andate
12. fate
13. vanno
14. fanno

B.
1. È la mia casa.
2. È la tua stanza.
3. È nostra cugina.
4. È il nostro cane.
5. È tuo cugino.
6. È il mio gatto.
7. Sono le mie amiche.
8. Sono le tue matite.
9. Sono le nostre cugine.
10. Sono i nostri libri.
11. Sono i tuoi cugini.
12. Sono i miei cellulari.

Set # 21, page 77

1. È il portatile di Pasquale.
2. È l'amico di Pasquale.
3. È l'amica di Pasquale.
4. È il banco di Pasquale.
5. È la camera di Pasquale.
6. Sono le chiavi di Pasquale.
7. Sono i compagni di Pasquale.
8. Sono gli amici di Pasquale.
9. Sono gli orologi di Pasquale.
10. È lo zio di Pasquale.
11. Sono gli zii di Pasquale.
12. Sono i libri di Pasquale.
13. È il cellulare di Pasquale.
14. È la camicia di Pasquale.
15. Sono gli spaghetti di Pasquale.
16. Sono le matite di Pasquale.

Set # 22, page 79

1. vivi
2. vivo
3. prende
4. prendi
5. scrive
6. leggiamo
7. leggete
8. vivono
9. scrivono
10. scriviamo

B. [Answers will vary]
1. Vivo in centro, in città, in un appartamento…
2. Sì, prendo spesso il caffè./ No, non prendo il caffè.

3. (Io) leggo spesso il giornale, le riviste…
4. I miei amici leggono spesso il giornale, le riviste…
5. Scrivo molte email ogni giorno…

Set # 23, page 82

A.
1. Sì, Pasquale è bello, ma il cugino di Pasquale è brutto.
2. Sì, gli zii di Pasquale sono buoni, ma i compagni di Pasquale sono cattivi.
3. Sì, la sorella di Marco è fortunata, ma l'amica di Marco è sfortunata.
4. Sì, le amiche di Maria sono piccole, ma le zie di Maria sono grandi (grosse).
5. Sì, il padre di Pasquale è vecchio, ma gli amici di Pasquale sono giovani.
6. Sì, il cugino di Marco è magro, ma l'amica di Marco è grassa.
7. Sì, lo zio di Pasquale è ricco, ma gli amici di Pasquale sono poveri.
8. Sì, la cugina di Maria è felice, ma la compagna di Maria è triste.
9. Sì, l'amico di Pasquale è triste, ma le amiche di Pasquale sono felici.

B. [Answers will vary]

Set # 24, page 84

1. (a)
2. (a)
3. (a)
4. (a)
5. (b)
6. (a) (It means "very" in this case, so agreement does not apply)
7. (a)
8. (b)

Set # 25, page 87

A.
1. novantaquattro
2. cento cinquantotto
3. seicento settantatré
4. mille duecento trentuno
5. cinquantasei mila quattrocento cinquantasei
6. un milione trecento quarantacinque mila
7. cinque milioni seicento settantacinque mila novecento ottantasette

B.
1. 5 feet = 5 × 0,304 = 1,52 = un metro e cinquantadue
2. 120 pounds = 120 × 0,45 = 54 chili = cinquantaquattro chili

C. [Answers will vary]

Set # 26, page 89

A.
1. Pasquale, come stai?
2. Signor Marchi, come sta?
3. Maria, ti piacciono gli spaghetti?
4. Signor Guidi, Le piacciono gli spaghetti?
5. Mio fratello e mia sorella stanno bene.
6. Marco e Maria, come state?
7. (Noi) stiamo così, così.
8. Sto male. / Non sto bene.
9. Sto molto bene.

B.
1. Mi piace l'appartamento di Gianni.
2. Il mio edificio è molto vecchio.
3. L'ascensore nel mio edificio è molto piccolo.
4. Ci sono dieci piani nel mio edificio.
5. Non mi piace il suono che fa il mio campanello.

Il mio piatto preferito!

My Favorite Dish!

FOOD

Bruna loves to eat good food. You understand that, don't you? She also tries her hand at cooking, once in a while. She's at the top of her class in modern cuisine. By the way, she's a good school friend of Marco's, Maria's, and Pasquale's. She has made you a list of words that are absolutely essential for talking about food. She also has written you a note on her favorite dish right after.

Il cibo / Food

la pasta / *pasta*	il riso / *rice*
la frutta / *fruit*	la bevanda / *drink*
il formaggio / *cheese*	il latte / *milk*
il pane / *bread*	il burro / *butter*
la cioccolata / *chocolate*	la caramella / *candy*

Mi piace ogni *tipo* di cibo, ma il mio *piatto* preferito è il riso. Mi piace *più della* frutta, *del* formaggio o *della* pasta. E *lo preferisco* alla milanese. Mmmm, quanto è buono! Anche quando *dormo mi viene la fame, se penso al* riso!

Di solito *bevo qualsiasi* tipo di bevanda, ma quando mangio il riso *preferisco solo* il latte. *Strano*, non è vero?

Mi piace anche mangiare il pane con il burro, *generalmente* la *mattina*, ma anche il *pomeriggio*, la *sera*, la *notte…insomma*, *sempre*! È molto buono con un *bel bicchiere* di latte con la cioccolata!

Un'*ultima* (Oohl-tee-mah) *cosa*! Mi piacciono molto anche le caramelle. Ma *non bisogna dire questo* ai miei genitori!

Vocabolario

tipo	*type*
piatto	*dish*
più della	*more than*
lo preferisco	*I prefer it*
dormo	*I sleep*
mi viene la fame	*I get hungry*

se penso al	*I think about*
bevo qualsiasi	*I drink any*
preferisco solo	*I prefer only*
Strano	*Strange*
generalmente	*generally*
mattina	*morning*
pomeriggio	*noon*
seta	*evening*
notte	*night*
insomma	*in fact, in sum*
sempre	*always*
bel bicchiere	*nice glass*
ultima cosa	*one last thing*
non bisogna dire questo	*one must not tell this*

BRAIN TICKLERS
Set # 27

A. As always, let's start off with a memory quiz. Let's see how much you remember about what Bruna wrote. This time, simply circle the statement as being vero or falso.

1. A Bruna piace ogni tipo di cibo.　　　V　　F
2. Il piatto preferito di Bruna è il　　　V　　F
   riso alla milanese.
3. A Bruna il riso piace più della frutta,　V　　F
   del formaggio o della pasta.
4. A Bruna viene la fame se pensa
   al riso.　　　　　　　　　　　　　V　　F
5. A Bruna non piace mangiare il pane con il burro.　　V　　F
6. Bruna mangia il pane solo *(only)* la mattina.　　　V　　F
7. Secondo Bruna, il pane è buono con un bel bicchiere　V　　F
   di latte con la cioccolata.
8. A Bruna piacciono anche le caramelle.　　　　　V　　F
9. E non bisogna dire questo ai genitori di Bruna.　　V　　F

B. Now, what do you like to eat? Let's start with meat. Answer each question with a complete sentence.

La carne / Meat

la bistecca / *steak*	il vitello / *veal*
il manzo / *beef*	l'agnello / *lamb*
il prosciutto / *ham*	il panino al prosciutto / *ham sandwich*

1. Ti piace la carne?
2. Che tipo di carne preferisci?
3. Ti piace mangiare la bistecca?
4. Preferisci un panino al prosciutto o un panino al formaggio?
5. O preferisci qualsiasi tipo di panino?

Let's move on to fruit.

La frutta / Fruit

la mela / *apple*	la pera / *pear*
la pesca / *peach*	la fragola (frAh-goh-lah) / *strawberry*
l'arancia / *orange*	la banana / *banana*

6. Quali frutte mangi generalmente?
7. Qual è la tua frutta preferita?

Now, let's turn our attention to vegetables.

La verdura / Vegetables

il pisello / *pea*	il fagiolo / *bean*
il fagiolino / *string bean*	la patata / *potato*
il granturco / *corn*	la zucchina / *zucchini*

8. Quali verdure mangi generalmente?
9. Qual è la tua verdura preferita?

And to finish off…

Attenzione!

la colazione / *breakfast*
la cena / *dinner*
avere fame / *to be hungry*
l'acqua / *water*

il pranzo / *lunch*
la bibita (bEEH-beeh-tah) / *soft drink*
avere sete / *to be thirsty*
lo zucchero (dzOOh-keh-roh) / *sugar*

---

10. Che cosa preferisci di solito per la colazione?

11. Che cosa preferisci di solito per il pranzo?

12. Che cosa preferisci di solito per la cena?

13. Qual è la tua bibita preferita?

14. Quando hai molta sete che cosa bevi? L'acqua?

15. Quando hai più fame, la mattina, il pomeriggio o la sera?

16. Ti piacciono le caramelle?

17. Ti piace il cibo con lo zucchero?

Vostro / Your

Attenzione!

Remember mio, tuo, and nostro? Of course, you do. Add vostro to the list, which means *your* plural. For example, when addressing both Marco and Maria, you would ask, Qual è il vostro piatto preferito? / *What is your favorite dish?*

Masculine Singular

il vostro cane / *your dog*
vostro zio / *your uncle*

Masculine Plural

i vostri cani / *your dogs*
i vostri zii / *your uncles*

Feminine Singular

la vostra matita / *your pen*
vostra zia / *your aunt*

Feminine Plural

le vostre matite / *your pens*
le vostre zie / *your aunts*

C. Now, you ask Marco and Maria if the following are theirs. Also, how would they answer affirmatively? For example, if given cane, you would ask them È il vostro cane? / Is it your dog? They would answer Sì, è il nostro cane. / Yes, it's our dog.

1. formaggio
2. caramelle
3. bicchiere d'acqua
4. panini al prosciutto
5. bibita
6. cugino
7. genitori
8. pesche

Attenzione!

In her note to you, Bruna used three verbs, all of which are irregular: bere / to drink, dire / to tell, say, and venire / to come. You know what that means, don't you? You will have to learn their conjugations (in the present at least). Here they are. Only a simple translation is given to you for the sake of space, OK? Remember the difference between formal and informal? No need to mention it again here!

The Verbs Bere, Dire, and Venire

(io) bevo / I drink
(tu) bevi / you drink
(Lei) beve / you drink

(lui) beve / he drinks

(lei) beve / she drinks

(noi) beviamo / we drink
(voi) bevete / you drink
(loro) bevono / they drink

(io) dico / I tell, say
(tu) dici / you tell, say
(Lei) dice / you tell, say

(lui) dice / he tells, says

(lei) dice / she tells, says

(noi) diciamo / we tell, say
(voi) dite / you tell, say
(loro) dicono / they tell, say

(io) vengo / I come
(tu) vieni / you come
(Lei) viene / you come

(lui) viene / he comes

(lei) viene / she comes

(noi) veniamo / we come
(voi) venite / you come
(loro) vengono / they come

Note:
bevono =
   (bEh-voh-noh)

dicono =
   (dEEh-koh-noh)

vengono =
   (vEhn-goh-noh)

D. Now, here's a tricky exercise. You are given a sentence with the verb missing. You are also given three verbs, each in the right form. However, only one of these fits the meaning of the sentence. Indicate which of the three it is.

1. Io ... tutto ai miei genitori, anche quando mangio le caramelle.
   (a) bevo
   (b) dico
   (c) vengo

2. Bruna, anche tu ... la Coca-Cola quando hai sete?
   (a) bevi
   (b) dici
   (c) vieni

3. Signora Marchi, anche Lei ... alla festa *(party, celebration)* questa sera?
   (a) beve
   (b) dice
   (c) viene

4. Mio fratello ... solo acqua quando ha sete.
   (a) beve
   (b) dice
   (c) viene

5. Mia sorella ... sempre tutto ai genitori.
   (a) beve
   (b) dice
   (c) viene

6. Anche io e i miei amici ... alla festa questa sera.
   (a) beviamo
   (b) diciamo
   (c) veniamo

7. Che cosa ... voi quando avete sete?
   (a) bevete
   (b) dite
   (c) venite

8. I miei amici ... alla festa con me questa sera.
   (a) bevono
   (b) dicono
   (c) vengono

(Answers are on pages 116 and 117.)

UN PO' DI GRAMMATICA!

Il partitivo / The Partitive

You like eating some things, but not others, right? So, how would you express this in Italian? More specifically, how would you say *some meat, a few beans*, and so on? It's easy! Simply use the preposition **di** (which you have been using for at least three chapters) and the definite article.

There is one little hitch, though. To make the pronunciation smooth, **di** and the article blend together to make one word. The blending is called a *contraction*, if you're interested in knowing. Below you will see all contraction possibilities. Learn them!

il formaggio	**di + il formaggio**	= **del formaggio** / *some cheese*
i piselli	**di + i piselli**	= **dei piselli** / *some peas*
lo zucchero	**di + lo zucchero**	= **dello zucchero** / *some sugar*
gli spaghetti	**di + gli spaghetti**	= **degli spaghetti** / *some spaghetti*
la carne	**di + la carne**	= **della carne** / *some meat*
le mele	**di + le mele**	= **delle mele** / *some apples*

Here is a convenient summary for you, just in case you forget:

di + il	=	**del**
di + i	=	**dei**
di + lo	=	**dello**
di + l'	=	**dell'**
di + gli	=	**degli**
di + la	=	**della**
di + le	=	**delle**

BRAIN TICKLERS
Set # 28

A. Say that you prefer only some of the suggested items at breakfast, lunch, dinner, and so on (as indicated). For example, if you are given la carne / a cena you would say Preferisco della carne a cena. / *I prefer some meat at dinner.*

1. la pasta / a pranzo
2. il pane / a colazione
3. le caramelle / alle feste *(at parties)*
4. il riso / a pranzo
5. le fragole / a cena
6. i fagiolini / a cena
7. i fagioli / a pranzo
8. le zucchine / alle feste
9. le patate / a colazione
10. spaghetti / a cena
11. zucchero / nel caffè *(in coffee)*
12. la carne / a cena

Attenzione!

un po' di / *a bit of, a little*	Preferisco un po' di carne. / *I prefer a bit of meat.*
alcuni (-e) / *several, a few*	Preferisco solo alcuni fagioli. / *I prefer only a few beans.* Preferisco solo alcune mele. / *I prefer only a few apples.*

B. Answer each question by saying that you prefer only a bit or a few of the indicated items as the case may require. Be careful! If you are asked Preferisci della carne? / *Do you prefer some meat?* you would answer, Preferisco solo un po' di carne. / *I prefer only a bit of meat.* But if you are asked Preferisci dei piselli? / *Do you prefer some peas?* then you would have to answer Preferisco solo alcuni piselli. / *I prefer only a few peas.*

You will have to pay close attention to what you are saying. Also, you will have to match the form of alcuni (-e) with the gender of the noun—alcuni with masculine and alcune with feminine, as you certainly know by now.

1. Preferisci dell'acqua?
2. Preferisci dello zucchero?
3. Preferisci dei fagiolini?
4. Preferisci delle patate?
5. Preferisci delle arance?
6. Preferisci del granturco?
7. Preferisci dei fagioli?

(Answers are on page 117.)

Dormire e preferire / To Sleep and to Prefer

You have been using the verb **preferire** quite a bit recently, and earlier on you were introduced to the verb **dormire**. You remember verbs, don't you? Those ending in **-are** are called *first conjugation* and those ending in **-ere** *second conjugation*. Remember? No need to go over them, right?

Look! These two new verbs end in -ire. So, guess what? They are called *third conjugation* verbs. By the way, there are no other kinds of verbs. Whew! In the case of **dormire**, you continue doing what you have been doing with all regular verbs to conjugate them in the present indicative. First, drop the -ire and add the following endings. They are very nearly the same endings as the -ere ones. Just one is different. Can you see which one it is?

(io) dormo	*I sleep, I am sleeping*
(tu) dormi	*you sleep, you are sleeping* *(informal)*

(Lei) dorme	you sleep, you are sleeping (formal)
(lui) dorme	he sleeps, he is sleeping
(lei) dorme	she sleeps, she is sleeping
(noi) dormiamo	we sleep, we are sleeping
(voi) dormite	you (more than one) sleep, you are sleeping
(loro) dormono (dOhr-moh-noh)	they sleep, they are sleeping

Two other verbs conjugated exactly in this way are the following.

partire / *to leave, depart*
servire / *to serve*

While using preferire in the exercises above, did you notice a few extra letters in the conjugation? The letters are -isc. These are added on as follows. Notice that they are not added on twice!

(io) preferisco	*I prefer*
(tu) preferisci	*you prefer (informal)*
(Lei) preferisce	*you prefer (formal)*
(lui) preferisce	*he prefers*
(lei) preferisce	*she prefers*
(noi) preferiamo	*we prefer*
(voi) preferite	*you (more than one) prefer*
(loro) preferiscono (preh-feh-rEEhs-koh-noh)	*they prefer*

Two other verbs conjugated in this way are the following.

finire / *to finish*
capire / *to understand*

How will you know which verb is conjugated in one or the other of these two ways? No magic tricks here. You will simply have to memorize them. Such information is given to you as we go along.

BRAIN TICKLERS
Set # 29

Now, let's see how well you have learned your third conjugation verbs. Missing from the following sentences is one of the verbs just discussed (preferire, servire, and so on). Can you figure out which one is missing? You will have to pay attention to the meaning of the sentence. Also, don't forget to put the verb into its right form.

1. Marco, tu ... l'inglese, non è vero?
2. Maria, perché ... sempre fino a tardi (*till late*)?
3. Mio fratello non ... mai (*never, ever*) tutta la carne.
4. Anch'io non ... mai tutta la carne.
5. E anch'io ... sempre fino a tardi.
6. Mio fratello ... molte lingue (*languages*).
7. Mio padre ... sempre la cena.
8. I miei genitori ... domani (*tomorrow*) per l'Italia.
9. I miei amici non ... l'italiano.
10. Noi non ... l'italiano.
11. Io e mia sorella ... per l'Italia domani.
12. Marco e Maria, perché non ... mai tutta la pasta?
13. Pasquale e Bruna, quando ... per l'Italia?
14. Anch'io ... per l'Italia domani.
15. Io di solito ... gli spaghetti, non i ravioli.

(Answers are on page 117.)

Avverbi / Adverbs

In her note, Bruna used an adverb, generalmente. Remember?
What's an adverb, you may ask? It's a word that tells how, when,
or where something happens. Many of these end in -ly in English.
The counterpart in Italian is -mente. So, for example, if you are
given the adjective fortunato / lucky, which ends in -o, change it
to -a, and then simply add -mente:

change o to A + add mente

Adjective	Adverb
amaro / *sour, bitter*	amaramente / *sourly, bitterly*
fortunato / *fortunate, lucky*	fortunatamente / *fortunately, luckily*
falso / *false*	falsamente / *falsely*
raro / *rare*	raramente / *rarely*
vero / *true*	veramente / *truly*

If it ends in -e, just add -mente.

Adjective	Adverb
felice / *happy*	felicemente / *happily*
dolce / *sweet*	dolcemente / *sweetly*
triste / *sad*	tristemente / *sadly*

However, there is always a hitch, doesn't it seem so? If it ends in
-le or -re you will have to drop the -e.

Adjective	Adverb
difficile (deeh-fEEh-cheeh-leh) / *difficult*	difficilmente / *difficultly*
facile (fAh-cheeh-leh) / *easy*	facilmente / *easily*
generale / *general*	generalmente / *generally*
popolare / *popular*	popolarmente / *popularly*
regolare / *regular*	regolarmente / *regularly*

drop e

There are many other kinds of adverbs. But these have to be memorized as single words or expressions. Here are some useful ones, of which you have already learned a few.

> **adesso** / *now*
> **bene** / *well*
> **di solito** (sOh-leeh-toh) / *usually*
> **domani** / *tomorrow*
> **ieri** / *yesterday*
> **infine** / *finally*
> **mai** / *ever, never*
> **male** / *bad(ly)*
> **niente** / *nothing*
> **oggi** (Oh-jeeh) / *today*
> **più** / *more*
> **presto** / *early*
> **sempre** / *always*
> **solo** / *only*
> **spesso** / *often*
> **subito** (sOOh-beeh-toh) / *right away*
> **tardi** / *late*

BRAIN TICKLERS
Set # 30

A. First turn the given adjective into an adverb. That's easy enough. But after you have done that, give both the adjective and adverb with opposite meanings. For example, if you are given generale, you would first turn it into an adverb, which is generalmente. Then you would give the adjective with an opposite meaning, which is raro, and its adverb form, which is raramente.

1. amaro   3. facile   5. felice
2. falso   4. regolare

B. Now answer truthfully.

1. Che cosa fai regolarmente? *What do you do regularly*
2. Ti piace essere popolare? *You like to be popular?*
3. Che cosa fai adesso? *what are you doing?*
4. Come stai oggi? *How are you today?*
5. Che cosa leggi di solito? *what do you usually read?*
6. Dove vai domani? *Where are you going tomorrow?*
7. Che tempo fa oggi? *whats the weather today?*
8. Che tempo faceva (was it) ieri? *How was the weather yesterday?*
9. Vai a dormire presto o tardi generalmente? *Do you generally go to sleep early or late?*
10. Che cosa ti piace fare spesso? *What do you often like to do?*

(Answers are on pages 117 and 118.)

Buono e bello / Good and Beautiful

Remember the adjectives buono and bello? As you might recall they simply agree with the nouns they modify. Let's review them very quickly. Let's start with buono.

Masculine Singular	Masculine Plural
un panino buono / *a good sandwich*	dei panini buoni / *some good sandwiches*
un amico buono / *a good friend*	degli amici buoni / *some good friends*
uno zio buono / *a good uncle*	degli zii buoni / *some good uncles*

Feminine Singular	Feminine Plural
una caramella buona / *a good candy*	delle caramelle buone / *some good candies*
un'amica buona / *a good friend*	delle amiche buone / *some good friends*

No problem, so far. However, buono is one of the few adjectives that can, and often does, come before the noun. But when it does, its singular forms change in ways that should remind you of the indefinite article. For instance, in front of a masculine singular noun beginning with any vowel or consonant except z or s + *consonant* the form is buon; if the noun does begin with the latter, then the appropriate form is buono. Now, if the singular noun is feminine and begins with a consonant, the form is buona; if the feminine noun begins with a vowel, the form is buon'. No unusual changes occur in the plural, thank heavens! Just use the regular plural forms.

So, let's put buono in front.

Masculine Singular	Masculine Plural
un buon panino / *a good sandwich*	dei buoni panini / *some good sandwiches*
un buon amico / *a good friend*	dei buoni amici / *some good friends*
un buono zio / *a good uncle*	dei buoni zii / *some good uncles*

Feminine Singular	Feminine Plural
una buona caramella / *a good candy*	delle buone caramelle / *some good candies*
una buon'amica / *a good friend*	delle buone amiche / *some good friends*

Did you notice that the articles and partitives changed in some cases? You should be able to see why. Let's take, as an example, uno zio buono changing to un buono zio. In the former phrase the article is uno because it occurs in front of "z." However, in the second phrase it no longer occurs before a "z" but a "b," the first letter in the word buono, which was not there before. So, as you know, the article form in this case is un. Identical reasoning applies to all other cases.

Now, let's move on to bello. First, let's review its forms when it occurs after the noun.

Masculine Singular

un piatto bello / *a nice dish*

un amico bello / *a handsome friend*

uno studente bello / *a handsome student*

Masculine Plural

dei piatti belli / *some nice dishes*

degli amici belli / *some handsome friends*

degli studenti belli / *some handsome students*

Feminine Singular

una casa bella / *a beautiful house*

un'amica bella / *a beautiful friend*

Feminine Plural

delle case belle / *some beautiful houses*

delle amiche belle / *some beautiful friends*

Again, **bello** is one of those adjectives that can, and often does, come before the noun. And when it does its singular forms change in ways that should remind you of the definite article this time around (**il**, **lo**, and so on). So, in front of a masculine singular noun beginning with any vowel or consonant except **z** or **s** + *consonant* the form is **bel**; the corresponding plural form is **bei**. If the masculine noun does begin with the latter, then the appropriate form is **bello** in the singular and **begli** in the plural. If the masculine noun begins with a vowel, use **bell'** in the singular and **begli** in the plural.

Ready for a few more? If the noun is feminine and begins with a consonant, the form of the adjective is **bella**; if the noun begins with a vowel, the form is **bell'**. The plural in both cases is **belle**.

Let's put **bello** in front. Again, notice that the articles and partitives need to be adjusted in some cases.

Masculine Singular

un bel piatto / *a nice dish*
un bell'amico / *a handsome friend*

un bello studente / *a handsome student*

Masculine Plural

dei bei piatti / *some nice dishes*
dei begli amici / *some handsome friends*
dei begli studenti / *some handsome students*

Feminine Singular	Feminine Plural
una bella casa / *a beautiful house*	delle belle case / *some beautiful houses*
una bell'amica / *a beautiful friend*	delle belle amiche / *some beautiful friends*

BRAIN TICKLERS
Set # 31

Answer each question, using the adjective in front of the noun, where it really belongs. For example, if you are asked È buona, la bibita? / *Is the drink good?* you would answer, Sì, è una buona bibita. / *Yes, it is a good drink.* If you are asked Sono belle, le stanze? / *Are the rooms beautiful?* you would answer Sì, sono delle belle stanze. / *Yes, they are nice rooms.*

1. È buono, il caffè?
2. Sono buoni, i fagioli?
3. È bello, il salotto?
4. Sono belli, i giardini?
5. È bello, lo studente?
6. Sono belli, gli studenti?
7. È buono, l'amico?
8. Sono buoni, gli amici?
9. È bello, l'orologio?
10. Sono belli, gli orologi?
11. È buona, la mela?
12. Sono buone, le pesche?
13. È buona, l'arancia?
14. Sono buone, le arance?
15. È bella, la camera?
16. È bella, l'entrata?
17. Sono belle, le finestre?
18. Sono belle, le amiche?

(Answers are on page 118.)

Questo / This

Just one more point of grammar to go! In her note to you Bruna used an important word—**questo**. It is called a *demonstrative*, by the way. Why? Because it allows you to demonstrate, or point to, things. It comes before the noun. And you treat it just like a normal adjective. So, you already know everything there is to know about using it. Here are a few examples.

Masculine Singular

questo piatto / *this dish*
questo amico / *this friend*
or
quest'amico / *this friend*

Masculine Plural

questi piatti / *these dishes*
questi amici / *these friends*

questi amici / *these friends*
(No apostrophe!)

Feminine Singular

questa mela / *this apple*
questa arancia / *this orange*
or
quest'arancia / *this orange*

Feminine Plural

queste mele / *these apples*
queste arance / *these oranges*

queste arance / *these oranges*
(No apostrophe!)

BRAIN TICKLERS
Set # 32

Here's a simple exercise for you. You will be asked if you want something. For example, Vuoi una mela? / *Do you want an apple?* You will answer with Sì, voglio questa mela. / *Yes, I want this apple.* Don't worry about the forms of the verb. You will learn them in the next chapter. For now, just use them as shown.

1. Vuoi un panino?
2. Vuoi dei libri?
3. Vuoi una pera?
4. Vuoi un'arancia?
5. Vuoi degli orologi?
6. Vuoi delle banane?
7. Vuoi una caramella?
8. Vuoi un bicchiere?

(Answers are on page 118.)

ESPRESSIONI

Contractions

You have used the expression (panino) al prosciutto / *ham (sandwich)* a number of times in this chapter. It is, clearly, a useful expression made up of a plus the definite article. Do you remember what a contraction is? Well, al is another example of a contraction.

> a + il prosciutto = al prosciutto

Here are a few more contractions that allow you to express food styles or preparations. Useful? You bet!

> un panino al formaggio / *a cheese sandwich*
> gli spaghetti alla (= a + la) bolognese / *spaghetti in the Bolognese style*
> il risotto alla milanese / *rice in the Milanese style*

You have also been using two very important expressions: avere fame / *to be hungry* and avere sete / *to be thirsty*. They look a little strange, don't they? That is because they mean, literally, "to have hunger" and "to have thirst."

Be careful when you use molto with these expressions. It is an adjective in this case and, thus, agrees with fame and sete, which are both feminine.

> Ho molta fame. / *I am very hungry*
> (= "I have much hunger").
> Bruna ha molta sete. / *Bruna is very thirsty*
> (= "Bruna has much thirst").

BRAIN TICKLERS
Set # 33

Now, answer the following questions about yourself.

1. Che tipo di panino preferisci? Al prosciutto o al formaggio?
2. Ti piacciono gli spaghetti?
3. Che cosa sono gli spaghetti alla bolognese? *(You might have to look this up on the Internet or in a book)*
4. Che cosa è il risotto alla milanese? *(You might have to look this up on the Internet or in a book)*
5. Hai fame adesso?
6. Hai anche sete?

(Answers are on page 118.)

CULTURA E COMUNICAZIONE

Well, now that you have become familiar with food, you should know that a formal Italian meal consists of several parts. Here they are.

l'antipasto / *the appetizer*
il primo piatto / *first dish, usually* pasta, minestra / *soup,* or riso
il secondo piatto / *second dish, usually* carne e verdura or il pesce / *fish*
la frutta
il formaggio
il dolce / *dessert, which is sometimes* la torta / *cake*

By the way, before starting a meal, always say Buon appetito! / *Have a good appetite!* If someone else says it, simply answer Grazie!

In this chapter you have come across the word festa meaning *party.* However, it also means *feast* and *official holiday*, such as il Natale / *Christmas*, il Capo d'Anno / *New Year's*, la Pasqua / *Easter*, and il Ferragosto / *the Assumption (August 15)*.

In order to talk about these important dates on the calendar, you will have to know how to name the days, months, and seasons in Italian. Here they are. Notice that they are not capitalized in Italian!

I giorni della settimana / **Days of the Week**

lunedì / *Monday*
martedì / *Tuesday*
mercoledì / *Wednesday*
giovedì / *Thursday*
venerdì / *Friday*
sabato (sAh-bah-toh) / *Saturday*
domenica / *Sunday*

Le stagioni / **The Seasons**

la primavera / *spring*
l'estate / *summer*
l'autunno / *autumn (fall)*
l'inverno / *winter*

I mesi dell'anno / **The Months of the Year**

gennaio / *January*
febbraio / *February*
marzo / *March*
aprile / *April*
maggio (mAh-joh) / *May*
giugno (jOOh-nyoh) / *June*

luglio (lOOh-lyoh) / *July*
agosto / *August*
settembre / *September*
ottobre / *October*
novembre / *November*
dicembre / *December*

BRAIN TICKLERS
Set # 34

Answer these questions.

1. How would you say *appetizer* in Italian?
2. What should you say before starting a meal?
3. What piatto do these foods make up? gli spaghetti alla bolognese, la minestra, il risotto alla milanese, and others like them.
4. Now what piatto does la carne e la verdura or il pesce make up? By the way, Quale preferisci tu?
5. What piatto does le fragole make up?
6. And what about la torta al cioccolato?
7. Name the festa that falls on each of the following dates or seasons: il 25 dicembre, a primavera, il primo gennaio, in estate.
8. Qual è il tuo giorno della settimana preferito?
9. Qual è il tuo mese dell'anno preferito?
10. Qual è la tua stagione preferita?
11. Qual è la tua festa preferita?
12. Qual è la stagione che non ti piace?
13. Quali sono i primi quattro mesi dell'anno?
14. Quali sono i giorni del "weekend"?
15. Quali sono gli ultimi *(last)* quattro mesi dell'anno?
16. Quali sono i quattro mesi più caldi *(warmest)* generalmente in Italia?
17. Quali sono i giorni feriali *(working days)* generalmente?
18. Fa caldo o freddo in inverno generalmente?

(Answers are on page 118.)

BRAIN TICKLERS—THE ANSWERS

Set # 27, page 95

A.
1. V
2. V
3. V
4. V
5. F
6. F
7. V
8. V
9. V

B. [Answers will vary]
1. Sì, mi piace la carne./No, non mi piace la carne.
2. Preferisco il vitello, il manzo, l'agnello…
3. Sì, mi piace mangiare la bistecca./No, non mi piace mangiare la bistecca.
4. Preferisco un panino al prosciutto/un panino al formaggio…
5. Sì, preferisco qualisasi tipo di panino./No, …
6. Generalmente mangio le mele/le pere/le pesche/le fragole/le arance/le banane…
7. La mia frutta preferita è …
8. Generalmente mangio i piselli/i fagioli/i fagiolini/le patate/il granturco/le zucchine…
9. La mia verdura preferita è …
10. Per la colazione di solito preferisco pane con il burro…
11. Per il pranzo perferisco un panino al formaggio…
12. Per la cena preferisco la pasta con la verdura…
13. La mia bibita preferita è la Coca-Cola…
14. Quando ho molta sete bevo l'acqua…
15. Ho più fame la mattina/il pomeriggio…
16. Sì, mi piacciono le caramelle./No, non mi piacciono le caramelle.
17. Sì, mi piace il cibo con lo zucchero./No, non mi piace il cibo con lo zucchero.

C.
1. È il vostro formaggio? Sì, è il nostro formaggio.
2. Sono le vostre caramelle? Sì, sono le nostre caramelle.
3. È il vostro bicchiere d'acqua? Sì, è il nostro bicchiere d'acqua.
4. Sono i vostri panini al prosciutto? Sì, sono i nostri panini al prosciutto.
5. È la vostra bibita? Sì, è la nostra bibita.
6. È vostro cugino? Sì, è nostro cugino.
7. Sono i vostri genitori? Sì, sono i nostri genitori.
8. Sono le vostre pesche? Sì, sono le nostre pesche.

D.
1. (b)
2. (a)
3. (c)
4. (a)
5. (b)
6. (c)
7. (a)
8. (c)

Set # 28, page 101

A.
1. Preferisco della pasta a pranzo.
2. Preferisco del pane a colazione.
3. Preferisco delle caramelle alle feste.
4. Preferisco del riso a pranzo.
5. Preferisco delle fragole a cena.
6. Preferisco dei fagiolini a cena.
7. Preferisco dei fagioli a pranzo.
8. Preferisco delle zucchine alle feste.
9. Preferisco delle patate a colazione.
10. Preferisco degli spaghetti a cena.
11. Preferisco dello zucchero nel caffè.
12. Preferisco della carne a cena.

B.
1. Preferisco solo un po' di acqua.
2. Preferisco solo un po' di zucchero.
3. Preferisco solo alcuni fagiolini.
4. Preferisco solo alcune patate.
5. Preferisco solo alcune arance.
6. Preferisco solo un po' di granturco.
7. Preferisco solo alcuni fagioli.

Set # 29, page 104

1. capisci
2. dormi
3. finisce
4. finisco
5. dormo
6. capisce
7. serve
8. partono
9. capiscono
10. capiamo
11. partiamo
12. finite
13. partite
14. parto
15. preferisco

Set # 30, page 106

1. amaro—amaramente, dolce—dolcemente
2. falso—falsamente, vero—veramente
3. facile—facilmente, difficile—difficilmente
4. regolare—regolarmente, raro—raramente

5. felice—felicemente,
   triste—tristemente

B. [Answers will vary]

Set # 31, page 110

1. Sì, è un buon caffè.
2. Sì, sono dei buoni fagioli.
3. Sì, è un bel salotto.
4. Sì, sono dei bei giardini.
5. Sì, è un bello studente.
6. Sì, sono dei begli studenti.
7. Sì, è un buon amico.
8. Sì, sono dei buoni amici.
9. Sì, è un bell'orologio.
10. Sì, sono dei begli orologi.
11. Sì, è una buona mela.
12. Sì, sono delle buone pesche.
13. Sì, è una buon'arancia.
14. Sì, sono delle buone arance.
15. Sì, è una bella camera.
16. Sì, è una bell'entrata.
17. Sì, sono delle belle finestre.
18. Sì, sono delle belle amiche.

Set # 32, page 111

1. Sì, voglio questo panino.
2. Sì, voglio questi libri.
3. Sì, voglio questa pera.
4. Sì, voglio questa arancia/quest'arancia.
5. Sì, voglio questi orologi.
6. Sì, voglio queste banane.
7. Sì, voglio questa caramella.
8. Sì, voglio questo bicchiere.

Set # 33, page 113

[Answers will vary]

Set # 34, page 115

1. l'antipasto
2. Buon appetito!
3. il primo piatto
4. il secondo piatto. Io preferisco la carne/il pesce/...
5. la frutta
6. il dolce
7. il Natale, la Pasqua, il Capo d'Anno, il Ferragosto
8. Il mio giorno della settimana preferito è...
9. Il mio mese dell'anno preferito è...
10. La mia stagione dell'anno preferita è...
11. La mia festa preferita è...
12. La stagione che non mi piace è...
13. I primi quattro mesi dell'anno sono gennaio, febbraio, marzo e aprile.
14. I giorni del "weekend" sono sabato e domenica.
15. Gli ultimi quattro mesi dell'anno sono settembre, ottobre, novembre e dicembre.
16. maggio, giugno, luglio e agosto.
17. I giorni feriali sono lunedì, martedì, mercoledì, giovedì e venerdì.
18. Generalmente fa freddo.

Il mio colore preferito!

My Favorite Color!

COLORS AND CLOTHES

Meet Giovanni, another friend who goes to the same school as Marco, Maria, Pasquale, and Bruna. He, too, has something to tell you. Actually, he wrote something in class yesterday on the topic of "My Favorite Color." He wants you to read it, too. But before doing so, here is a list of words you will have to know.

Colori e vestiti / Colors and Clothes

azzurro / *blue*

rosso / *red*

giallo / *yellow*

nero / *black*

la giacca / *jacket*

il calzino / *sock*

la sciarpa / *scarf*

lo stivale / *boot*

la gonna / *skirt*

l'impermeabile (m.) / *overcoat, raincoat* (eehm-pehr-meh-Ah-beeh-leh)

bianco / *white*

verde / *green*

grigio / *gray*

i pantaloni / *pants*

il cappello / *hat*

la cravatta / *tie*

la scarpa / *shoe*

il guanto / *glove*

la camicetta / *blouse*

la camicia / *shirt* (kah-mEEh-chah)

Il mio colore preferito è l'azzurro, *lo stesso* colore *delle squadre nazionali* italiane, *come, per esempio,* la squadra di *calcio.* Molti dei miei *vestiti* sono di quel colore.

Le mie camicie, i miei pantaloni, la mia giacca, i miei cappelli e *perfino* i miei calzini sono *quasi* tutti azzurri. Ieri *sono andato* in centro dove *ho comprato* una cravatta, una sciarpa, gli stivali e *un paio* di guanti. Di quale colore? Azzurro, *ovviamente.*

A mia sorella invece piacciono i vestiti di tanti colori. Per esempio, *porta* spesso una gonna rossa, le scarpe nere, la camicetta gialla e un impermeabile bianco o grigio.

Insomma, l'azzurro per me *dice tutto*!

Vocabolario

lo stesso	*the same*
delle squadre nazionali	*of the national teams*
come	*like*
per esempio	*for example*
calcio	*soccer*
vestiti	*clothes*
perfino	*even*
quasi	*almost*
sono andato	*I went*
ho comprato	*I bought*
un paio	*a pair*
ovviamente	*obviously*
porta	*she wears*
dice tutto	*says it all*

BRAIN TICKLERS
Set # 35

A. First and foremost, let's see how many items of clothing you can name in Italian. Indicate what each one is, saying that it is nice at the same time. Remember bello from the previous chapter? This is your chance to really get to use it with ease. So, for example, if you see a shirt, you would say È una bella camicia. / *It is a nice shirt.* If you see more than one shirt, then you would say Sono delle belle camicie. / *They are nice shirts*, using the partitive. Always put bello in front of the noun, making all the changes you are familiar with by now, right?

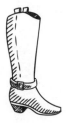

1.

2.

3.

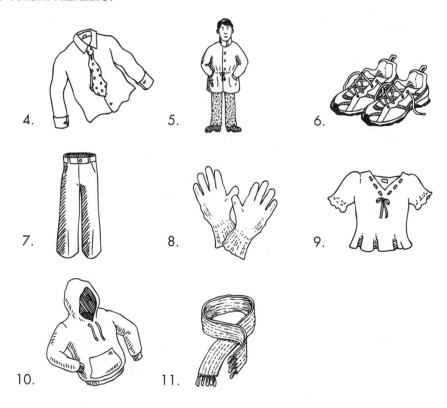

4.

5.

6.

7.

8.

9.

10.

11.

B. Now, let's see how much you remember of Giovanni's school composition. Answer each question with a complete sentence.

1. Qual è il colore preferito di Giovanni?
2. È il colore di quali squadre?
3. Qual è un esempio di squadra nazionale che porta l'azzurro?
4. Di che colore sono le sue *(his)* camicie?
5. Di che colore sono i suoi pantaloni?
6. Di che colore è la sua giacca?
7. Di che colore sono i suoi cappelli?
8. Di che colore sono i suoi calzini?
9. Dov'è andato *(Where did he go)* ieri?
10. Che cosa ha comprato *(what did he buy)*?

11. Che cosa piace a sua sorella?

12. Che colore di gonna porta sua sorella?

13. Che colore di scarpe porta sua sorella?

14. Che colore di camicetta porta sua sorella?

15. Che colore di impermeabile porta sua sorella?

LEARNING TIP!

Colors are adjectives. Thus, as you know, they agree with the noun. By now, you certainly know what that means, don't you? Here are a few examples to remind you, just in case.

la camicia bianca / *the white shirt*
le camicie bianche / *the white shirts*
il cappello nero / *the black hat*
i cappelli neri / *the black hats*

However, there are a few that, even though they are adjectives, do not agree (strangely enough)! These are called *invariable*, as you might guess. The main ones are: marrone / *brown*, blu / *dark blue*, arancione / *orange*, rosa / *pink*, and viola / *purple*. Here are a few examples.

la camicia marrone / *the brown shirt*
le camicie marrone / *the brown shirts*
il cappello viola / *the purple hat*
i cappelli viola / *the purple hats*
la scarpa blu / *the blue shoe*
le scarpe blu / *the blue shoes*
il calzino rosa / *the pink sock*
i calzini rosa / *the pink socks*
la camicetta arancione / *the orange blouse*
le camicette arancione / *the orange blouses*

C. Here are the things that Giovanni's sister, who likes all kinds of colors, bought yesterday downtown. Can you tell us what they are in Italian? For example, if given due camicie / *white,* you would say Ha comprato due camicie bianche (byAhn-keh). / *She bought two white shirts.*

1. un cappello / *red*
2. una sciarpa / *green*
3. due giacche / *yellow*
4. un impermeabile / *gray*
5. i calzini / *black*
6. un paio di guanti / *brown*
7. i pantaloni / *brown*
8. gli stivali / *dark blue*
9. due cravatte / *orange*
10. due gonne / *pink*
11. due camicette / *purple*
12. un vestito / *green*

D. Now, let's see what your favorite colors of clothing are. You are given a certain clothing item. Tell us what your favorite color is for that item. For example, if given le camicie and your favorite color is *white* then you would say Mi piacciono le camicie bianche. / *I like white shirts.*

1. i pantaloni
2. gli stivali
3. i guanti
4. gli impermeabili
5. le giacche
6. le scarpe
7. le camicie
8. le sciarpe

Attenzione!

Dare and uscire

Do you ever go out to show off your new clothes? Or do you ever give clothes as gifts? If you do, how would you say it in Italian? You would obviously need to know how to conjugate the verbs dare / *to give* and uscire / *to go out*, both of which are irregular in the present indicative. Here are their forms for you to memorize. Since you know all about the English translations and uses of this tense, you will only be given the minimal information. Note the accent on the dà form!

(io) do / *I give*
(tu) dai / *you give* (informal)
(Lei) dà / *you give* (formal)
(lui) dà / *he gives*
(lei) dà / *she gives*

(noi) diamo / *we give*
(voi) date / *you give* (plural)
(loro) danno / *they give*

(io) esco / *I go out*
(tu) esci / *you go out* (informal)
(Lei) esce / *you go out* (formal)
(lui) esce / *he goes out*
(lei) esce / *she goes out*

(noi) usciamo / *we go out*
(voi) uscite / *you go out* (plural)
(loro) escono (Ehs-koh-noh) / *they go out*

E. Each sentence is missing either dare or uscire. Choose which one is missing from each sentence.

1. Nel pomeriggio i miei amici … per *(in order to)* andare in centro.
   (a) danno   (b) escono

2. Oggi … anch'io per andare in centro.
   (a) do   (b) esco

3. Noi … tutti i nostri vestiti *(clothes)* ai nostri cugini.
   (a) diamo   (b) usciamo

4. Giovanni, a chi … il tuo numero di telefono?
   (a) dai   (b) esci

5. Anche voi … questo pomeriggio?
   (a) date   (b) uscite

6. Quando … generalmente tua sorella ogni sera?
   (a) dà   (b) esce

7. Giovanni di solito ... i suoi soldi *(his money)* a sua sorella.
   (a) dà   (b) esce

8. Anche mio fratello ... i suoi soldi sempre a sua sorella.
   (a) dà   (b) esce

Attenzione!

Potere, Volere, and Dovere

Can you buy new clothes? Do you want to buy new clothes? Or, do you have to buy new clothes? In any case, to say that you do, or do not, you will have to learn three verbs that, as you might suspect, are irregular in the present indicative: potere / *to be able (can)*, volere / *to want to*, dovere / *to have to (must)*. Here are their forms. By now you are quite familiar with conjugations, so that many details are left out (for example, you should know which forms are formal and informal without us telling you).

(io) posso / *I can*	(io) voglio / *I want to*	(io) devo / *I have to*
(tu) puoi / *you can*	(tu) vuoi / *you want to*	(tu) devi / *you have to*
(Lei) può / *you can*	(Lei) vuole / *you want to*	(Lei) deve / *you have to*
(lui) può / *he can*	(lui) vuole / *he wants to*	(lui) deve / *he has to*
(lei) può / *she can*	(lei) vuole / *she wants to*	(lei) deve / *she has to*
(noi) possiamo / *we can*	(noi) vogliamo / *we want to*	(noi) dobbiamo / *we have to*
(voi) potete / *you can*	(voi) volete / *you want to*	(voi) dovete / *you have to*
(loro) possono / *they can*	(loro) vogliono / *they want to*	(loro) devono / *they have to*

Note:

possono =	vogliono =	devono =
(pOh-ssoh-noh)	(vOh-lyoh-noh)	(dEh-voh-noh)

Note also that these verbs are followed (usually) by an infinitive. Remember what that is?

Non posso andare. / *I can't go.*
Tu devi studiare. / *You have to study.*
Voglio uscire questa sera. / *I want to go out this evening.*

F. One of these verbs is missing from each sentence. Choose the most logical one according to what is being said.

1. Io ... andare in centro oggi, ma non ho tempo *(I don't have time)*.
   (a) posso   (b) voglio   (c) devo

2. Noi tutti ... mangiare la pizza, ma non abbiamo più fame *(we are no longer hungry)*.
   (a) possiamo   (b) vogliamo   (c) dobbiamo

3. Giovanni, ... fare i compiti prima di uscire *(before going out)*?
   (a) puoi   (b) vuoi   (c) devi

4. Mio fratello non ... uscire questa sera perché non sta bene.
   (a) può   (b) vuole   (c) deve

5. La mia amica ... andare in Italia quest'anno, perché non è mai stata *(she has never been)* lì.
   (a) può   (b) vuole   (c) deve

6. Che cosa ... fare voi questa sera, dopo *(after)* cena?
   (a) potete   (b) volete   (c) dovete

7. I miei genitori non ... andare in Italia quest'anno perché non hanno soldi.
   (a) possono   (b) vogliono   (c) devono

8. Che cosa ... signorina, un panino al prosciutto o un panino al formaggio?
   (a) può   (b) vuole   (c) deve

G. Now that you know so many new verbs, they will be used to ask you questions. Answer each question with a complete answer.

1. Quando non puoi uscire di solito?
2. A chi dai i tuoi soldi?
3. In quale giorno esci generalmente? *(In your answer use the article before the day.)*
4. Che cosa vuoi fare questa sera?
5. Che cosa devi fare questa sera?

> ### *Attenzione!*
>
> Notice the unusual plural form of paio.
>
> un paio di / *a pair of*   due paia di / *two pairs of*

H. Say that you bought (Ho comprato) the indicated pair or pairs of new items yesterday. For example, if given 1/guanti you would say Ieri ho comprato un paio di guanti.

1. 1/scarpe
2. 4/pantaloni
3. 5/calzini
4. 7/guanti
5. 1/stivali

(Answers are on pages 144 and 145.)

UN PO' DI GRAMMATICA!

Suo e loro / His, Her, and Their

In one of the exercises above you came across suo / *his* or *her*. You remember mio, tuo, and the other possessives, don't you? Well, here's another one. We're almost done with them. Have patience. Here are the forms of suo. Remember that you will need to use the article, unless the noun is a family member and singular. You remember all this, don't you?

Masculine Singular

il suo cappello / *his* or *her hat*
suo zio / *his* or *her uncle*

Masculine Plural

i suoi cappelli / *his* or *her hats*
i suoi zii / *his* or *her uncles*

Feminine Singular

la sua scarpa / *his* or *her shoe*
sua zia / *his* or *her aunt*

Feminine Plural

le sue scarpe / *his* or *her shoes*
le sue zie / *his* or *her aunts*

The problem with this one is that it can mean either *his* or *her*. You'll have to figure it out from what is being said. It's not that hard. Take the phrase **il suo cappello**. It is in the masculine singular form because **cappello** is masculine singular. But what does it mean? Does it mean *his hat* or *her hat*? It depends.

il cappello di Marco   =   il suo cappello
Marco's hat   *his hat*

il cappello di Maria   =   il suo cappello
Maria's hat   *her hat*

It's that simple! Now, are you ready for your last possessive? It is **loro** and it means *their*. This is a strange one since, unlike all the others, it never changes. Remember the word *invariable*? That's what it is. And you never, absolutely never, drop the article, even if it is used with a family member in the singular.

Masculine Singular

il loro cappello / *their hat*
il loro zio / *their uncle*

Masculine Plural

i loro cappelli / *their hats*
i loro zii / *their uncles*

Feminine Singular

la loro amica / *their friend*
la loro zia / *their aunt*

Feminine Plural

le loro amiche / *their friends*
le loro zie / *their aunts*

BRAIN TICKLERS
Set # 36

A. Di chi è? You are asked if something belongs to someone, or if someone is related to someone. For example, if asked Questo cappello è di Giovanni? / *Is this Giovanni's hat?* you would answer Sì, è il suo cappello. / *Yes, it's his hat.* If asked Questo uomo è l'amico dei genitori di Pasquale? / *Is this man the friend of Pasquale's parents?* you would answer Sì, è il loro amico. / *Yes, he's their friend.* By now you should know how to make all the words in sentences fit together nicely. Fun, isn't it?

1. Questo impermeabile è di Maria?

2. Questo cappello è di Giovanni?

3. Questa sciarpa è di Pina?

4. Questa giacca è di Pasquale?

5. Questo uomo è il cugino dei genitori di Marco?

6. Questa donna è la cugina dei genitori di Marco?

7. Questi pantaloni sono di Maria?

8. Questi stivali sono di Giovanni?

9. Queste scarpe sono di Pina?

10. Queste giacche sono di Pasquale?

11. Questi uomini sono gli amici dei genitori di Marco?

12. Queste donne sono le amiche dei genitori di Marco?

LEARNING TIP!

Remember formal and informal? Well, this possessive, spelled with a capital Suo, allows you to address people formally.

INFORMAL
Maria, questa è la tua giacca? / *Mary, is this your jacket?*
Marco, queste sono le tue scarpe? / *Marco, are these your shoes?*

FORMAL
Signora Marchi, questa è la Sua giacca? / *Mrs. Marchi, is this your jacket?*
Dottor Dini, queste sono le Sue scarpe? / *Dr. Dini, are these your shoes?*

B. Now, ask each indicated person if the given item belongs to him or her. For example, if given cappello/Claudia, you would ask: Claudia, questo è il tuo cappello? / *Claudia, is this your hat?* If given scarpe/Professoressa Vecchiarelli you would ask: Professoressa Vecchiarelli, queste sono le Sue scarpe? / *Professor Vecchiarelli, are these your shoes?*

1. impermeabile/Pino
2. giacca/Signor Marchi
3. vestito/Maria
4. impermeabile/Signora Vecchiarelli
5. pantaloni/Pino
6. stivali/Signor Marchi
7. guanti/Maria
8. scarpe/Signora Vecchiarelli
9. guanti/Dottor Dini
10. stivali/Dottoressa Verdi

(Answers are on pages 145 and 146.)

Quello / That

Well, you learned all about **questo** / *this* in the previous chapter, and have been using it a lot ever since (in all its forms). Now, how would you say *that*, which allows you to indicate something a little farther away? **Questo** was easy, but **quello** is a little trickier. However, if you remember the definite article and how it changed, then there is no problem at all. For, you see, **quello** changes its forms in a similar way.

But in case you have forgotten, maybe it's best to go over the whole grammar story in this case, OK?

Let's start with the use of **quello** before feminine nouns first. If the feminine noun starts with any consonant, use **quella**, but if it starts with a vowel, use **quell'**. In the plural use **quelle** in both cases. Notice that the meaning of *that* changes to *those* in the plural. But you figured this out by yourself already, didn't you?

Feminine Singular	Feminine Plural
quella giacca / *that jacket*	quelle giacche / *those jackets*
quell'amica / *that friend*	quelle amiche / *those friends*

With masculine nouns, use **quello** and its plural form **quegli** if the noun starts with **z** or **s** + *consonant*.

Masculine Singular	Masculine Plural
quello zio / *that uncle*	quegli zii / *those uncles*
quello studente / *that student*	quegli studenti / *those students*

If it starts with any other consonant, use **quel** and its plural form **quei**:

Masculine Singular	Masculine Plural
quel cappello / *that hat*	quei cappelli / *those hats*
quel cane / *that dog*	quei cani / *those dogs*

Finally, if it starts with a vowel, use **quell'** and its plural form **quegli** (again):

Masculine Singular	Masculine Plural
quell'amico / *that friend*	quegli amici / *those friends*

BRAIN TICKLERS
Set # 37

Now, let's put into practice both demonstratives (which is what they are called, as you may know). You will be asked something like Vuoi questa giacca? / *Do you want this jacket?* You answer, No, voglio quella giacca. / *No, I want that jacket.*

This part of Italian grammar is a bit tricky. Don't get discouraged. Just try your best. Check your answers. Try to figure out where you went wrong, and then just get on with it. You will have many other chances to reinforce your knowledge of demonstratives.

Attenzione!

lo zaino / *backpack*   l'anello / *ring*

1. Vuoi questo cappello?
2. Vuoi questo zaino?
3. Vuoi quest'anello?
4. Vuoi questa camicia?
5. Vuoi quest'orologio?
6. Vuoi questi zaini?
7. Vuoi questi pantaloni?
8. Vuoi questi anelli?
9. Vuoi queste scarpe?
10. Vuoi questo libro?
11. Vuoi questi stivali?
12. Vuoi queste camicie?

(Answers are on page 146.)

Preposizioni / **Prepositions**

You have been using prepositions since the very first page of this course. These are little words that start phrases off. Here are the ones you know already and a few more.

a / *to, at*   di / *of*
da / *from*   in / *in, to (sometimes)*
su / *on*   con / *with*
per / *for, through*   dopo / *after*
prima di / *before*   sotto / *under*
sopra / *on top, above*

Now, remember the partitive? Sure you do, after all the "food talk" in the previous chapter. Well, do you remember that it was made up with **di** plus the forms of the definite article? Moreover, do you remember that the two parts blended, or more accurately contracted, together to form a single word? Well, contractions apply as well to **a**, **da**, **in**, and **su**.

So, for example to say *to the boy* you would use **a + il ragazzo** which becomes **al ragazzo**. The chart below summarizes all the contractions you will have to learn. You should recognize some of these from the notes written to you by Marco, Maria, Pasquale, Bruna, and Giovanni and, of course, the partitive.

+	il	i	lo	l'	gli	la	le
a	al	ai	allo	all'	agli	alla	alle
in	nel	nei	nello	nell'	negli	nella	nelle
di	del	dei	dello	dell'	degli	della	delle
da	dal	dai	dallo	dall'	dagli	dalla	dalle
su	sul	sui	sullo	sull'	sugli	sulla	sulle

These are the only ones you'll have to worry about.

BRAIN TICKLERS
Set # 38

Here's a really straightforward mechanical exercise. You need to do it very carefully so that you can become familiar with prepositions and, especially, contractions. So, for example, if given la casa and several prepositions, such as in, di and per, you would make up phrases with the prepositions: nella casa, della casa, and per la casa. The first two undergo contraction, the last one does not.

Finally, indicate what each one probably means: nella casa / *in the home,* della casa / *of the home,* per la casa / *through, for the home.*

1. la città
   (a) in   (b) da   (c) per

2. il libro
   (a) in   (b) su   (c) sopra   (d) sotto

3. lo zaino
   (a) in   (b) da   (c) su   (d) con   (e) sotto

4. amico
   (a) a   (b) con   (c) di   (d) da   (e) per
   (f) dopo   (g) prima di

5. amici
   (a) a   (b) con   (c) di   (d) da   (e) per
   (f) dopo   (g) prima di

6. amica
   (a) a   (b) con   (c) di   (d) da   (e) per
   (f) dopo   (g) prima di

7. amiche
   (a) a   (b) con   (c) di   (d) da   (e) per
   (f) dopo   (g) prima di

8. compagni
   (a) a   (b) con   (c) di   (d) da   (e) per
   (f) su   (g) dopo

(Answers are on pages 146 and 147.)

That's enough practice for now. You will continue to get practice as you progress. However, if you ever forget how to contract prepositions, just come right back to this spot and review the chart.

The present perfect tense: Sono andato e ho comprato / I Went and I Bought

Giovanni used two verb forms that you have never seen before: sono andato / *I went* and ho comprato / *I bought*. They should cause you no problems, though. They are forms that allow you to talk about things that have already happened. More technically, they are verbs conjugated in the *present perfect*. In English these translate not only as *I went* and *I bought*, but also as *I have gone* and *I have bought*.

Notice that there are two parts to the present perfect. Take ho comprato, as an example. You recognize the first verb, don't you? Of course, you do. It is avere. By the way, in this construction it has a technical name. It is called an *auxiliary verb*. You do not have anything new to learn here. You already know avere (in the present indicative). The second verb is really the *past participle* of comprare / *to buy*.

Don't worry about what this means technically. All you really have to learn to do is how to form the past participle from the infinitive. Look at comprato. It would seem that you form it by dropping -are and adding -ato. And, in fact, that's all there is to it. So, how would you form the past participle of cercare, mangiare, andare, and all the other first conjugation verbs? Simple: cercato, mangiato, and andato.

Now, let's conjugate comprare in the present perfect. It's really easy.

(io) ho comprato	*I bought, I have bought*
(tu) hai comprato	*you bought, you have bought (informal)*
(Lei) ha comprato	*you bought, you have bought (formal)*
(lui) ha comprato	*he bought, he has bought*
(lei) ha comprato	*she bought, she has bought*
(noi) abbiamo comprato	*we bought, we have bought*
(voi) avete comprato	*you bought, you have bought (plural)*
(loro) hanno comprato	*they bought, they have bought*

Don't forget that the distinctions between formal and informal still apply. And, of course, to make the verb negative, just put non before: Maria non ha comprato un nuovo zaino ieri. / *Mary did not buy a new backpack yesterday.*

Now, to make the past participle of second conjugation verbs, drop the -ere and add -uto. To make the past participle of third conjugation verbs, drop the -ire and add -ito instead. Here are two examples.

volere = voluto / *wanted*
finire = finito / *finished*

You conjugate these verbs in exactly the same way: (io) ho voluto / *I wanted*, (tu) hai finito / *you finished*, and so on.

Now, look at the other present perfect form used by Giovanni: sono andato. Notice that the auxiliary verb is essere not avere. OK, when do you use one or the other? You will have to hold your breath until the next chapter. That's when you'll find out. In this chapter you will have to worry only about verbs conjugated with avere, which is most of them.

BRAIN TICKLERS
Set # 39

What happened yesterday? Tell us. If given tu/comprare/un nuovo zaino you should put the parts together to form a statement: Ieri, tu hai comprato un nuovo zaino. / *Yesterday, you bought a new backpack.*

1. io/cercare/un nuovo zaino
2. tu/cominciare/un nuovo compito
3. mia sorella/dormire/tutto il giorno
4. il professore d'italiano/dovere/parlare molto
5. mio fratello/finire/tutta la torta
6. noi/volere/comprare un paio di guanti
7. anche voi/guardare/la TV (teeh-vOOh)
8. i miei genitori/mangiare/gli spaghetti
9. io/preferire/mangiare i ravioli

Attenzione!

Well, as you might suspect, not all past participles are formed regularly. Some are irregular. And you know what that means, don't you? You will simply have to memorize them. Of the verbs you have encountered so far, the following verbs conjugated with avere have irregular past participles.

bere / *to drink*	bevuto / *drunk*
dare / *to give*	dato / *given*
dire / *to tell, say*	detto / *told, said*
fare / *to do, make*	fatto / *done, made*
leggere / *to read*	letto / *read*
scrivere / *to write*	scritto / *written*
prendere / *to take, have*	preso / *taken, had*

10. tu/dovere/finire i compiti

11. mio fratello/potere/guardare la TV

12. i miei amici/dormire/tutto il giorno

13. noi/bere/una Coca-Cola

14. voi/dare/il vostro libro ai nuovi studenti

15. loro/non/dire/la verità *(truth)*

16. io/fare/tutti i miei compiti

17. tu/leggere/il giornale

18. mio fratello/scrivere/un'email alla sua amica

19. la mia amica/prendere/due caffè

(Answers are on page 147.)

ESPRESSIONI

Telling Time

In previous chapters you have learned to use numbers in very useful expressions. But perhaps the most useful kind of expression is the one that involves telling time. **Che ora è?** or **Che ore sono?** (your choice) means *What time is it?* To give the hour is easy.

l'una / *one o'clock*
le due / *two o'clock*
le tre / *three o'clock*
le quattro / *four o'clock*
And so on

Che ora è?/Che ore sono? / *What time is it?*

È l'una. / *It's one (o'clock).*
Sono le due. / *It's two (o'clock).*
Sono le tre. / *It's three (o'clock).*
Sono le quattro. / *It's four (o'clock).*
And so on

Note that only *one o'clock* requires the verb in the singular (È l'una). All the others are plural (Sono le due...).

As you know, to complete the time, you need minutes. All you do is add them on. Again, easy!

1:02	l'una e due
2:12	le due e dodici
3:20	le tre e venti
4:49	le quattro e quarantanove

And so on

There are a few more things to know that are pretty important; otherwise this is all there really is to it. First, in Italy you can (and perhaps should) use all the hours of the clock from 1 to 24. So, for example, instead of saying *8 P.M.* simply say le venti (twenty hours). Of course, you can always distinguish between A.M. and P.M. You should be able to figure out how:

A.M. = della mattina / *of the morning* (also del mattino)

P.M. = del pomeriggio / *of the afternoon,* della sera / *of the evening*

9:24 A.M. = le nove e ventiquattro della mattina

9:24 P.M. = le nove e ventiquattro della sera or le ventuno e ventiquattro

That's basically all there is to it.

BRAIN TICKLERS
Set # 40

Now, let's get some practice in. Say that each indicated person is coming at the given time. For example, if given Marco/3:35 P.M. you would say Marco viene alle tre e trentacinque del pomeriggio. / *Marco is coming at 3:35 in the afternoon.* Remember that a + le contracts to alle. Also, if you have forgotten your numbers go back to chapters 2 and 3 and review them.

1. Maria/1:20 P.M.
2. tu/7:18 A.M.
3. noi/5:51 P.M.
4. loro/10:18 A.M.
5. voi/9:32 P.M.
6. lei/6:50 A.M.

Attenzione!

If there are around 20 minutes to go to the next hour, an alternative way of telling time is to indicate the next hour and then how many minutes are "minus" (meno) that hour. So, for example, if it is 8:46 you can say, of course, le otto e quarantasei, or le nove meno quattordici / *nine o'clock minus fourteen (minutes).*

Continue, using this alternative way of telling time.

7. io/10:52 A.M.
8. tu/5:49 P.M.
9. noi/7:58 A.M.

> ### *Attenzione!*
>
> The quarter and half hours can be related with un quarto / *a quarter*, tre quarti / *three quarters*, and mezzo / *half*.
>
> 2:15 = le due e un quarto (or, of course, le due e quindici)
> 3:45 = le tre e tre quarti (or, of course, le tre e quarantacinque)
> [You can also say le quattro meno un quarto, as you just learned to do.]
>
> 4:30 = le quattro e mezzo (or, of course, le quattro e trenta)

Continue, using these new ways of telling time.

10. il mio amico/6:30 P.M.
11. voi/7:15 A.M.
12. tutti i tuoi amici/9:45 P.M.

> ### *Attenzione!*
>
> Finally, note that:
>
> 12:00 A.M.   la mezzanotte / *midnight*
> 12:00 P.M.   il mezzogiorno / *noon*
>
> So,
>
> 12:10 A.M. = mezzanotte e dieci (or, of course, le ventiquattro e dieci)
> 12:10 P.M. = mezzogiorno e dieci (or, of course, le dodici e dieci)

Continue, using the new words.

13. io/12:20 P.M.
14. tu/12:15 A.M.
15. loro/12:45 P.M.

(Answers are on page 148.)

By the way, you can also say di mattina, di pomeriggio, and di sera, without the contractions, if you so desire.

CULTURA E COMUNICAZIONE

Dates

Now that you know numbers quite well (with all the practice you've been getting), it is time to learn about dates—an important area, don't you think, if you are going to read about Italian history, art, and so on.

To give the year simply say:

> È il 2015. / *It's 2015.*
> Colombo ha scoperto l'America nel 1492. / *Columbus discovered America in 1492.*
> [Remember that in + il = nel].

So, how would you give today's date? Che giorno è oggi? / *What day is it today?*

> Oggi è il venti febbraio, 2015. / *Today is February 20, 2015.*

> Quando sei nato (-a)? / *When were you born?*

> Sono nato (-a) il cinque marzo, 1994. / *I was born on March 5, 1994.*

Answer each question with a complete sentence.

1. Che giorno è oggi?

2. Quando sei nato (-a)?

BRAIN TICKLERS—THE ANSWERS

Set # 35, page 121

A.

1. È un bello stivale.
2. È un bel cappello.
3. È una bella calza.
4. È una bella cravatta. / È una bella camicia con la cravatta.
5. È un bell'impermeabile.
6. Sono delle belle scarpe.
7. Sono dei bei pantaloni.
8. Sono dei bei guanti.
9. È una bella camicetta.
10. È una bella giacca.
11. È una bella sciarpa.

B.

1. Il colore preferito di Giovanni è l'azzurro.
2. È il colore delle squadre nazionali italiane.
3. Un esempio di squadra nazionale che porta l'azzurro è la squadra di calcio.
4. Le sue camicie sono azzurre.
5. I suoi pantaloni sono azzurri.
6. La sua giacca è azzurra.
7. I suoi cappelli sono azzurri.
8. I suoi calzini sono azzurri.
9. Ieri è andato in centro.
10. Ha comprato una cravatta, una sciarpa, gli stivali e un paio di guanti.
11. A sua sorella piacciono i vestiti di tanti colori.
12. Sua sorella porta la/una gonna rossa.
13. Sua sorella porta le scarpe nere.
14. Sua sorella porta la/una camicetta gialla.
15. Sua sorella porta l'/un impermeabile bianco o grigio.

C.

1. Ha comprato un cappello rosso.
2. Ha comprato una sciarpa verde.
3. Ha comprato due giacche gialle.
4. Ha comprato un impermeabile grigio.
5. Ha comprato i calzini neri.
6. Ha comprato un paio di guanti marrone.
7. Ha comprato i pantaloni marrone.
8. Ha comprato gli stivali blu.
9. Ha comprato due cravatte arancione.
10. Ha comprato due gonne rosa.
11. Ha comprato due camicette viola.
12. Ha comprato un vestito verde.

D. [Answers will vary]
1. Mi piacciono i pantaloni…
2. Mi piacciono gli stivali…
3. Mi piacciono i guanti…
4. Mi piacciono gli impermeabili…
5. Mi piacciono le giacche…
6. Mi piacciono le scarpe…
7. Mi piacciono le camicie…
8. Mi piacciono le sciarpe…

E.
1. (b)
2. (b)
3. (a)
4. (a)
5. (b)
6. (b)
7. (a)
8. (a)

F.
1. (b)
2. (b)
3. (c)
4. (a)
5. (b)
6. (b) or (c)
7. (a)
8. (b)

G. [Answers will vary]
1. (Io) non posso uscire di solito quando devo studiare/devo fare i compiti/…
2. (Io) do i miei soldi a mio fratello/a mia sorella/…
3. Generalmente esco il sabato/la domenica/…
4. Questa sera voglio uscire/voglio studiare/…

5. Questa sera devo studiare/devo fare i compiti/…

H.
1. Ieri ho comprato un paio di scarpe.
2. Ieri ho comprato quattro paia di pantaloni.
3. Ieri ho comprato cinque paia di calzini.
4. Ieri ho comprato sette paia di guanti.
5. Ieri ho comprato un paio di stivali.

Set # 36, page 130

A.
1. Sì, è il suo impermeabile.
2. Sì, è il suo cappello.
3. Sì, è la sua sciarpa.
4. Sì, è la sua giacca.
5. Sì, è il loro cugino.
6. Sì, è la loro cugina.
7. Sì, sono i suoi pantaloni.
8. Sì, sono i suoi stivali.
9. Sì, sono le sue scarpe.
10. Sì, sono le sue giacche.
11. Sì, sono i loro amici.
12. Sì, sono le loro amiche.

B.
1. Pino, questo è il tuo impermeabile?
2. Signor Marchi, questa è la Sua giacca?
3. Maria, questo è il tuo vestito?
4. Signora Vecchiarelli, questo è il Suo impermeabile?

5. Pino, questi sono i tuoi pantaloni?
6. Signor Marchi, questi sono i Suoi stivali?
7. Maria, questi sono i tuoi guanti?
8. Signora Vecchiarelli, queste sono le Sue scarpe?
9. Dottor Dini, questi sono i Suoi guanti?
10. Dottoressa Verdi, questi sono i Suoi stivali?

Set # 37, page 133

1. No, voglio quel cappello.
2. No, voglio quello zaino.
3. No, voglio quell'anello.
4. No, voglio quella camicia.
5. No, voglio quell'orologio.
6. No, voglio quegli zaini.
7. No, voglio quei pantaloni.
8. No, voglio quegli anelli.
9. No, voglio quelle scarpe.
10. No, voglio quel libro.
11. No, voglio quegli stivali.
12. No, voglio quelle camicie.

Set # 38, page 135

1.
(a) nella città = *in the city*
(b) dalla città = *from the city*
(c) per la città = *through, for the city*

2.
(a) nel libro = *in the book*
(b) sul libro = *on the book*
(c) sopra il libro = *above the book/on top of the book*
(d) sotto il libro = *under the book*

3.
(a) nello zaino = *in the backpack*
(b) dallo zaino = *from the backpack*
(c) sullo zaino = *on the backpack*
(d) con lo zaino = *with the backpack*
(e) sotto lo zaino = *under the backpack*

4.
(a) all'amico = *to the friend (male)*
(b) con l'amico = *with the friend*
(c) dell'amico = *of the friend*
(d) dall'amico = *from the friend*
(e) per l'amico = *for the friend*
(f) dopo l'amico = *after the friend*
(g) prima dell'amico = *before the friend*

5.
(a) agli amici = *to the friends*
(b) con gli amici = *with the friends*
(c) degli amici = *of the friends*
(d) dagli amici = *from the friends*
(e) per gli amici = *for the friends*
(f) dopo gli amici = *after the friends*
(g) prima degli amici = *before the friends*

6.
(a) all'amica = *to the friend (female)*
(b) con l'amica = *with the friend*

(c) dell'amica = *of the friend*

(d) dall'amica = *from the friend*

(e) per l'amica = *for the friend*

(f) dopo l'amica = *after the friend*

(g) prima dell'amica = *before the friend*

7.

(a) alle amiche = *to the friends (female)*

(b) con le amiche = *with the friends*

(c) delle amiche = *of the friends*

(d) dalle amiche = *from the friends*

(e) per le amiche = *for the friends*

(f) dopo le amiche = *after the friends*

(g) prima delle amiche = *before the friends*

8.

(a) ai compagni = *to the school friends*

(b) con i compagni = *with the school friends*

(c) dei compagni = *of the school friends*

(d) dai compagni = *from the school friends*

(e) per i compagni = *for the school friends*

(f) sui compagni = *on the school friends*

(g) dopo i compagni = *after the school friends*

Set # 39, page 138

1. Ieri, io ho cercato un nuovo zaino.
2. Ieri, tu hai cominciato un nuovo compito.
3. Ieri, mia sorella ha dormito tutto il giorno.
4. Ieri, il professore d'italiano ha dovuto parlare molto.
5. Ieri, mio fratello ha finito tutta la torta.
6. Ieri, noi abbiamo voluto comprare un paio di guanti.
7. Ieri, anche voi avete guardato la TV.
8. Ieri, i miei genitori hanno mangiato gli spaghetti.
9. Ieri, io ho preferito mangiare i ravioli.
10. Ieri, tu hai dovuto finire i compiti.
11. Ieri, mio fratello ha potuto guardare la TV.
12. Ieri, i miei amici hanno dormito tutto il giorno.
13. Ieri, noi abbiamo bevuto una Coca-Cola.
14. Ieri, voi avete dato il vostro libro ai nuovi studenti.
15. Ieri, loro non hanno detto la verità.
16. Ieri, io ho fatto tutti i miei compiti.
17. Ieri, tu hai letto il giornale.
18. Ieri, mio fratello ha scritto un'email alla sua amica.
19. Ieri, la mia amica ha preso due caffè.

Set # 40, page 141

1. Maria viene all'una e venti del pomeriggio.
2. Tu vieni alle sette e diciotto della mattina.
3. Noi veniamo alle cinque e cinquantuno del pomeriggio/della sera.
4. Loro vengono alle dieci e diciotto della mattina.
5. Voi venite alle nove e trentadue della sera./Voi venite alle ventuno e trentadue.
6. Lei viene alle sei e cinquanta della mattina.
7. Io vengo alle undici meno otto della mattina.
8. Tu vieni alle sei meno undici della sera.
9. Noi veniamo alle otto meno due della mattina.
10. Il mio amico viene alle sei e mezzo della sera.
11. Voi venite alle sette e un quarto della mattina.
12. Tutti i tuoi amici vengono alle nove e tre quarti della sera./Tutti i tuoi amici vengono alle dieci meno un quarto della sera.
13. Io vengo a mezzogiorno e venti.
14. Tu vieni a mezzanotte e un quarto / e quindici.
15. Loro vengono a mezzogiorno e tre quarti / e quarantacinque.

Dal veterinario!

At the Vet's!

SYMPTOMS

Claudia loves her cat named Zuzzi. By the way, she is Giovanni's sister. Remember him? A few days ago Zuzzi was not feeling well, so she decided to take him to the vet. She wrote you a note about it. But read the list of symptoms and ailments that both Zuzzi and she herself had.

Sintomi (sEEhn-toh-meeh) / *Symptoms*

la febbre / *fever*	l'indigestione (f.) / *indigestion*
stanco / *tired*	debole / *weak*
stare bene / *to feel fine*	stare male / *to feel bad*
(il) mal di testa / *headache*	(il) mal di gola / *sore throat*
il raffreddore / *common cold*	la tosse / *cough*

Due giorni *fa, ho portato* il mio gatto, Zuzzi, *dal veterinario.* Zuzzi non stava bene. Aveva un po' d'indigestione. *Allora,* sono andata dalla dottoressa Giusti, *che* è molto brava con gli *animali.*

Povero Zuzzi! *Sembrava* veramente molto stanco e debole (dEh-boh-leh). Anch'io stavo male. Allora, dopo la *visita* (vEEh-zeeh-tah) dal veterinario, io sono andata *dal medico.* Avevo mal di testa e di gola. Avevo anche la febbre e un po' di tosse. Il medico *mi ha visitato* e mi ha detto che avevo il raffreddore.

Allora, mi ha detto di bere molta acqua, di stare a casa tutta la *giornata* e di andare *a letto* molto *presto.*

Così, io e Zuzzi siamo stati a casa insieme, amici in *malattia* (mah-lah-ttEEh-ah)!

Vocabolario

fa	*ago*
ho portato	*I brought*
dal veterinario	*to the veterinarian's*
Allora	*Thus*
che	*who*
animali	*animals*
Sembrava	*He seemed*
visita	*visit (exam)*

dal medico	*to the doctor's*
mi ha visitato	*examined me*
giornata	*day (long)*
a letto	*to bed*
presto	*early*
così	*thus*
malattia	*sickness*

BRAIN TICKLERS
Set # 41

A. First, can you provide a description for each of the following pictures? For example, if you see a boy or a man who seems tired you would say Il ragazzo/L'uomo sembra stanco. / *The boy/The man seems tired.* If you see someone with a headache you would say L'uomo/la donna ha mal di testa. / *The man/The woman has a headache.*

Attenzione!

malato / *sick*   forte / *strong*

1.

2.

3.

4.

5.

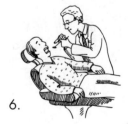
6.

B. Now, let's see how much you remember of Claudia's trip to the vet and then to the doctor's. Answer each question with a complete sentence.

1. Dove ha portato il suo gatto Claudia due giorni fa?

2. Perché?

3. Come sembrava?

4. Chi è molto brava con gli animali?

5. Chi altro *(who else)* stava male?

6. Che sintomi aveva?

7. Dov'è andata?

8. Che cosa aveva?

9. Che cosa ha detto il medico a Claudia?

10. Dove sono stati insieme tutta la giornata, Claudia e Zuzzi?

Attenzione!

The human body

In order to speak about your ailments, or those of your pet, you will have to become familiar with the names of body parts.

la testa / *the head*	i capelli / *head hair*
la faccia / *the face*	l'occhio / *the eye*
il naso / *the nose*	la bocca / *the mouth*
il labbro / *the lip*	il dente / *the tooth*
la lingua / *the tongue*	il collo / *the neck*
la mano / *the hand*	il braccio / *the arm*
il piede / *the foot*	la gamba / *the leg*

Note a few things.

• la mano is feminine even if it ends with an -o; its plural form is le mani

• the plural forms of il labbro and il braccio (which are masculine) are le labbra and le braccia (which are feminine)

LEARNING TIP!

Direct object pronouns lo, li, la, le

How do you say *it* (plural *them*) in Italian? It depends on what they stand for. If *it* replaces a masculine singular noun, the form is lo; the corresponding plural form is li. If *it* replaces a feminine singular noun, the form is (as you might expect) la; the corresponding plural form is le. These are called *direct object pronouns*, by the way, and they are put right before the verb.

Don't worry too much about them right now. You will learn more about them as you go along in the next few chapters. Just look at the examples below for now.

Marco non mangia mai il riso. / *Marco never eats rice.*
Marco non lo mangia mai. / *Marco never eats it.*

Mia sorella non vuole mai gli spaghetti. / *My sister never wants spaghetti.*
Mia sorella non li vuole mai. / *My sister never wants any.*

Io non uso mai il mio cellulare. / *I never use my cell phone.*
Io non lo uso mai. / *I never use it.*

Loro non mangiano mai le caramelle. / *They never eat candies.*
Loro non le mangiano mai. / *They never eat them.*

C. Now, let's see if you can guess what part of the body each clue refers to. For example, if you are given Le usiamo per scrivere. / *We use them to write*, you would obviously say le mani / *the hands*. Notice that the body part (or parts) is replaced by a direct object pronoun.

1. La usiamo per pensare *(to think)*.
2. Li dobbiamo pettinare *(comb)*.
3. La consideriamo *(we consider it)* «bella» o «brutta».
4. Lo usiamo per respirare *(to breathe)*.

5. La usiamo per assaggiare *(to taste)* il cibo.

6. Le usiamo per scrivere.

7. Li usiamo per camminare *(to walk)*.

8. Li usiamo per guardare.

9. La usiamo per mangiare.

10. Li dobbiamo pulire *(clean)* ogni giorno.

11. Lo usiamo per girare *(to turn)* la testa.

12. Le usiamo per gesticolare *(to gesture)*.

13. Le usiamo per baciare *(to kiss)*.

14. Le usiamo per correre *(to run)*.

D. Have you ever felt bad? Of course, you have. Let's talk about it. Answer the following questions with complete sentences.

Attenzione!

l'influenza / *the flu*
(il) mal di stomaco (stOh-mah-koh) / *stomachache*
l'aspirina / *aspirin*
l'antibiotico (ahn-teeh-beeh-Oh-teeh-koh) / *antibiotic*

Also, did you notice Claudia's use of da to say *to the vet's, to the doctor's:* dal veterinario and dal medico? So, how would you say *to the lawyer's* and *to Claudia's?* You would say dall'avvocato and da Claudia. Easy, no?

1. In questo momento *(moment)* come stai?

2. Hai mai avuto l'influenza? Quando? [NOTE: ero = I was]

3. Che cosa prendi quando hai mal di stomaco?

4. Prendi le aspirine se hai mal di testa?

5. Hai mai preso un antibiotico? Quando?

6. Che cosa fai quando hai il raffreddore?

7. Che cosa fai quando hai un'indigestione?

8. Hai un animale per compagno? Come si chiama?

9. Che fai quando non stai bene?

10. Quando vai dal medico?

11. Quando vai dai tuoi amici?

12. Quando diventi *(do you become)* stanco (-a)?

13. Sei mai andato (-a) dal veterinario? Quando?

14. Sei forte o debole?

LEARNING TIP!

un altro (**m.**) / *another*   un altro gatto /
                                        another cat

un'altra (**f.**) / *another*   un'altra aspirina / *another aspirin*

degli altri (**m.**) / *other*   degli altri gatti / *other cats*
delle altre (**f.**) / *other*   delle altre aspirine / *other*
                                        aspirins

E. What did Claudia take or have yesterday more than once? Tell us.
If given aspirina you would say Claudia ha preso un'altra aspirina /
Claudia took another aspirin; if given aspirine you would say
Claudia ha preso delle altre aspirine. / *Claudia took some other*
aspirins.

1. antibiotico

2. bicchiere d'acqua

3. bibite

4. caramella

5. bicchieri di latte

Attenzione!

fare male (a) / *to hurt* (literally: *to make hurt to*)

This expression is a little tricky, but not too much. Notice how it is used.

SINGULAR
Mi fa male la mano. / *My hand hurts.*
Mi fa male il piede. / *My foot hurts.*

PLURAL
Mi fanno male le mani. / *My hands hurt.*
Mi fanno male i piedi. / *My feet hurt.*

F. Now, tell us what hurts. If given la mano you would say Mi fa male la mano. / *My hand hurts.* If given le gambe you would say Mi fanno male le gambe. / *My legs hurt.*

Che cosa ti fa male?

1. il naso
2. la lingua
3. i piedi
4. gli occhi
5. i denti
6. il collo
7. le braccia

(Answers are on pages 175 and 176.)

UN PO' DI GRAMMATICA!

Sono andato (-a) / I Went

Remember the present perfect from chapter 5? It's the tense that allows you to talk about past events: **Ho mangiato** / *I ate*, **Abbiamo parlato** / *We have spoken*, and so on. Do you also remember that it was made up of an auxiliary verb and the past participle? If not, go back and reread the appropriate section.

In chapter 5 you learned how to conjugate verbs that required **avere** as the auxiliary. Simple, wasn't it? But you also came across verbs that required **essere** as the auxiliary. Again, this requires very little new learning. You already know how to conjugate **essere** in the present and you know how to form past participles.

So, here is the verb **andare**, which is conjugated with **essere** (rather than **avere**), completely conjugated for you.

(io) sono andato (-a)	*I went, I have gone*
(tu) sei andato (-a)	*you went, you have gone (informal)*
(Lei) è andato (-a)	*you went, you have gone (formal)*
(lui) è andato	*he went, he has gone*
(lei) è andata	*she went, she has gone*
(noi) siamo andati (-e)	*we went, we have gone*
(voi) siete andati (-e)	*you went, you have gone (plural)*
(loro) sono andati (-e)	*they went, they have gone*

See something different? Well, the past participle, in this case, agrees with the gender (masculine or feminine) and number (singular or plural) of the subject. By now, this should cause you no problem whatsoever.

> *Claudia* è andata dal veterinario. / *Claudia went to the vet's.*
>
> *Mio fratello* è andato in Italia ieri. / *My brother went to Italy yesterday.*
>
> *I miei amici* sono andati in centro. / *My friends went downtown.*
>
> *Le tue zie* sono andate in Italia. / *Your aunts went to Italy.*

Now, you might ask how will I know whether to use **avere** or **essere** as the auxiliary? Like many other things in a language, the best strategy is to memorize things. In general, **avere** is the verb to be used. So, assume it and you will be right a lot of the time. A small set of verbs requires **essere** (generally verbs that stand for some kind of movement or lack of it). Of the verbs you have encountered so far, only the following require **essere** as the auxiliary.

> **andare** / *to go*
> **essere** / *to be* (past participle: **stato**)
> **esserci** / *to be here, there* (**c'è stato (-a)** / *there has been,*
>   **ci sono stati (-e)** / *there have been*)
> **stare** / *to stay, be* (past participle also: **stato**)
> **uscire** / *to go out*
> **venire** / *to come* (past participle: **venuto**)

BRAIN TICKLERS
Set # 42

A. OK, let's get some practice on the use of these verbs. In the exercise you are given a subject (io, tu, suo fratello, etc.). Then you are given five phrases: (a) requires the verb andare in the present perfect, (b) the verb essere in the present perfect, (c) the verb stare in the same tense, (d) the verb uscire in the same tense, and (e) the verb venire in the same tense again. Put the two parts together to make complete statements. Don't forget to make each verb agree with the subject.

1. io (male)...
   (a) in Italia l'anno scorso
   (b) già *(put between the auxiliary and the past participle)* in Francia due anni fa
   (c) male la settimana scorsa
   (d) appena *(put between the auxiliary and the past participle)* per andare in centro
   (e) in America un anno fa

LEARNING TIP!

The following words are used often with the present perfect. Learn them!

fa	*ago*
già	*already*
scorso	*last (week, year, etc.)*
appena	*just (barely)*

2. tu (female) …
   (a) in Italia l'anno scorso
   (b) già (*put between the auxiliary and the past participle*) in Francia due anni fa
   (c) male la settimana scorsa
   (d) appena (*put between the auxiliary and the past participle*) per andare in centro
   (e) in America un anno fa

3. mio fratello …
   (a) in Italia l'anno scorso
   (b) già (*put between the auxiliary and the past participle*) in Francia due anni fa
   (c) male la settimana scorsa
   (d) appena (*put between the auxiliary and the past participle*) per andare in centro
   (e) in America un anno fa

4. mia sorella …
   (a) in Italia l'anno scorso
   (b) già (*put between the auxiliary and the past participle*) in Francia due anni fa
   (c) male la settimana scorsa
   (d) appena (*put between the auxiliary and the past participle*) per andare in centro
   (e) in America un anno fa

5. noi (all female) …
   (a) in Italia l'anno scorso
   (b) già (*put between the auxiliary and the past participle*) in Francia due anni fa
   (c) male la settimana scorsa
   (d) appena (*put between the auxiliary and the past participle*) per andare in centro
   (e) in America un anno fa

6. voi (all male) …
   (a) in Italia l'anno scorso
   (b) già (*put between the auxiliary and the past participle*) in Francia due anni fa
   (c) male la settimana scorsa
   (d) appena (*put between the auxiliary and the past participle*) per andare in centro
   (e) in America un anno fa

7. i miei genitori …
   (a) in Italia l'anno scorso
   (b) già (*put between the auxiliary and the past participle*) in Francia due anni fa
   (c) male la settimana scorsa
   (d) appena (*put between the auxiliary and the past participle*) per andare in centro
   (e) in America un anno fa

8. le sue amiche …
   (a) in Italia l'anno scorso
   (b) già (*put between the auxiliary and the past participle*) in Francia due anni fa
   (c) male la settimana scorsa
   (d) appena (*put between the auxiliary and the past participle*) per andare in centro
   (e) in America un anno fa

LEARNING TIP!

The verb piacere / *to like* is also conjugated with
essere. Its use is a bit tricky because agreement seems to
be with what follows. You remember this temporary guideline, don't you? For now, just observe the examples below.
You will learn more about this pesky verb later on.

SINGULAR
Mi è piaciut*o* il cappello. / *I liked the hat.*
Mi è piaciut*a* la giacca. / *I liked the jacket.*

PLURAL
Mi sono piaciut*i* i cappelli / *I liked the hats.*
Mi sono piaciut*e* le giacche. / *I liked the jackets.*

B. Now, here's a simple exercise for you. You are given two items. Say
that you didn't like the first one(s), but that you did like the second
one(s). For example, if given mela/pesche you would say Non mi è
piaciuta la mela, ma mi sono piaciute le pesche. / *I didn't like the
apple, but I did like the peaches.*

1. caramelle/torta
2. pera/arance
3. riso/ravioli
4. spaghetti/carne
5. fagiolini/patate
6. pasta/gnocchi

(Answers are on pages 176 and 177.)

L'ha mangiato ieri / He Ate It Yesterday

Recall from above the pronouns lo, li, la, and le. Remember to put them before the verb.

> Mio fratello mangia la carne spesso. / *My brother eats meat often.*
> Mio fratello la mangia spesso. / *My brother eats it often.*

Now, here's a predictable twist to the story of these pronouns. If used with the present perfect, the past participle agrees with them. You certainly know what that means by now. Let's look at all the possible cases.

Agreement with lo / It (masculine)

> Lui ha mangiato il riso ieri. / *He ate the rice yesterday.*
> Lui *lo* ha (or l'ha) mangiato ieri. / *He ate it yesterday.*

Agreement with li / Them (masculine)

> Noi abbiamo comprato gli stivali due giorni fa. / *We bought boots two days ago.*
> Noi *li* abbiamo comprat*i* due giorni fa. / *We bought them two days ago.*

Agreement with la / It (feminine)

> Mio fratello ha già studiato la matematica. / *My brother has already studied math.*
> Mio fratello *la* ha (or l'ha) già studiat*a*. / *My brother has already studied it.*

Agreement with le / Them (feminine)

> I miei amici hanno già preso le caramelle. / *My friends have already taken the candies.*
> I miei amici *le* hanno già prese. / *My friends have already taken them.*

[Note: you can use an apostrophe in the singular lo ha or l'ha, la ha or l'ha, but not in the plural: li ha, le ha.]

BRAIN TICKLERS
Set # 43

Answer each question affirmatively, using one of the four pronouns correctly and making the past participle agree correctly. For example, if asked *Maria ha mangiato gli spaghetti?* / *Has Maria eaten the spaghetti?* you would answer *Sì, Maria li ha mangiati.* / *Yes, Maria has eaten them.*

1. Claudia ha comprato il cellulare?
2. Loro hanno fatto i compiti?
3. Franco ha scritto le email?
4. Loro hanno preso quella bevanda?
5. Giovanni ha già letto il giornale?
6. I tuoi amici hanno bevuto la Coca-Cola?
7. Marco ha comprato gli stivali?
8. Maria ha comprato le scarpe?

(Answers are on page 178.)

L'imperfetto / The Imperfect Tense

Zuzzi non stava bene / Zuzzi wasn't well

Remember Claudia's statement that Zuzzi *wasn't well*—**Zuzzi non stava bene?** What kind of tense does **stava** stand for?

It's called the *imperfect*, if you care to know. Here's what you should know about it, though. First, it allows you to refer to actions that were not finished in the past. What the heck does that mean?

Compare these two sentences in English: (1) *I have just eaten all the cake* and (2) *I was eating the cake, when you called me.* Do you see the difference? In (1) the verb tense tells you that the cake was eaten, no matter what; but in (2) you do not know if the cake was ever finished, do you? The second type of sentence is in the *imperfect*. Get it?

To form the imperfect in Italian, simply drop the -re of the infinitive and add the endings -vo, -vi, -va, -vamo, -vate, and -vano in the usual order. Take for example, andare. Drop the -re (anda-) and add these endings as shown. Notice how the imperfect is translated in English.

(io) andavo	*I was going, I used to go*
(tu) andavi	*you were going, you used to go (informal)*
(Lei) andava	*you were going, you used to go (formal)*
(lui) andava	*he was going, he used to go*
(lei) andava	*she was going, she used to go*
(noi) andavamo	*we were going, we used to go*
(voi) andavate	*you were going, you used to go (plural)*
(loro) andavano (ahn-dAh-vah-noh)	*they were going, they used to go*

So, to indicate that you used to do things regularly in the past, you would use the imperfect.

Andavo spesso in Italia. / *I used to go often to Italy.*
Lui studiava sempre ogni sera. / *He always used to study every evening.*

Now, let's take a second conjugation verb (prendere) and a third conjugation verb (dormire) and conjugate them also in the imperfect. First, we drop the -re (prende-, dormi-) and add the endings.

(io) prendevo	*I was taking, I used to take*
(tu) prendevi	*you were taking, you used to take (informal)*
(Lei) prendeva	*you were taking, you used to take (formal)*
(lui) prendeva	*he was taking, he used to take*
(lei) prendeva	*she was taking, she used to take*
(noi) prendevamo	*we were taking, we used to take*
(voi) prendevate	*you were taking, you used to take (plural)*
(loro) prendevano (prehn-dEh-vah-noh)	*they were taking, they used to take*

(io) dormivo	*I was sleeping, I used to sleep*
(tu) dormivi	*you were sleeping, you used to sleep (informal)*
(Lei) dormiva	*you were sleeping, you used to sleep (formal)*
(lui) dormiva	*he was sleeping, he used to sleep*
(lei) dormiva	*she was sleeping, she used to sleep*
(noi) dormivamo	*we were sleeping, we used to sleep*
(voi) dormivate	*you were sleeping, you used to sleep (plural)*
(loro) dormivano (doht-mEEh-vah-noh)	*they were sleeping, they used to sleep*

BRAIN TICKLERS
Set # 44

A. Tell us what you and others used to do as a child, often, normally, or while someone was doing something else. In the exercise you are given a subject (io, tu, il mio amico, etc.). Then you are given three phrases: (a) requires the verb andare in the imperfect, (b) the verb volere in the imperfect, (c) the verb finire in the same tense. Put the two parts together to make complete statements.

1. io...
   - √ (a) spesso in Italia da bambino (-a)
   - (b) gli spaghetti normalmente da bambino (-a)
   - (c) i compiti mentre mia sorella guardava la TV

2. tu...
   - √ (a) spesso in Italia da bambino (-a)
   - (b) gli spaghetti normalmente da bambino (-a)
   - (c) i compiti mentre tua sorella guardava la TV

DAL VETERINARIO!

LEARNING TIP!

The following words and expressions generally signal the need to use the imperfect. Learn them (if you do not know them already).

da bambino (a-) / *as a child*   spesso / *often*
mentre / *while*   normalmente / *normally*

3. il mio amico...
   (a) spesso in Italia da bambino
   (b) gli spaghetti normalmente da bambino
   (c) i compiti mentre sua sorella guardava la TV

4. l'amica di Paolo...
   (a) spesso in Italia da bambina
   (b) gli spaghetti normalmente da bambina
   (c) i compiti mentre sua sorella guardava la TV

5. noi...
   (a) spesso in Italia da bambini
   (b) gli spaghetti normalmente da bambini
   (c) i compiti mentre nostra sorella guardava la TV

6. voi...
   (a) spesso in Italia da bambini
   (b) gli spaghetti normalmente da bambini
   (c) i compiti mentre vostra sorella guardava la TV

7. loro...
   (a) spesso in Italia da bambini
   (b) gli spaghetti normalmente da bambini
   (c) i compiti mentre la loro sorella guardava la TV

Attenzione!

There are few verbs that are irregular in the imperfect, thank heavens! Of the ones you have encountered so far, only the following are irregular. Only one translation is provided here for convenience.

fare / *to do, make*

(io) facevo / *I was doing*
(tu) facevi / *you were doing (informal)*
(Lei) faceva / *you were doing (formal)*
(lui) faceva / *he was doing*
(lei) faceva / *she was doing*
(noi) facevamo / *we were doing*
(voi) facevate / *you were doing (plural)*
(loro) facevano / *they were doing*
[facevano = fah-chEh-vah-noh]

dire / *to say*

(io) dicevo / *I was saying*
(tu) dicevi / *you were saying (informal)*
(Lei) diceva / *you were saying (formal)*
(lui) diceva / *he was saying*
(lei) diceva / *she was saying*
(noi) dicevamo / *we were saying*
(voi) dicevate / *you were saying (plural)*
(loro) dicevano / *they were saying*
[dicevano = deeh-chEh-vah-noh]

bere / *to drink*

(io) bevevo / *I was drinking*
(tu) bevevi / *you were drinking (informal)*
(Lei) beveva / *you were drinking (formal)*
(lui) beveva / *he was drinking*
(lei) beveva / *she was drinking*
(noi) bevevamo / *we were drinking*
(voi) bevevate / *you were drinking (plural)*
(loro) bevevano / *they were drinking*
[bevevano = beh-vEh-vah-noh]

essere / *to be*

(io) ero / *I was*
(tu) eri / *you were (informal)*
(Lei) era / *you were (formal)*
(lui) era / *he was*
(lei) era / *she was*
(noi) eravamo / *we were*
(voi) eravate / *you were (plural)*
(loro) erano / *they were*
[erano = Eh-rah-noh]

B. This time tell us what you and others used to do as children. In the exercise you are given a subject (io, tu, il mio amico, etc.) preceded by the phrase Da bambino. Then you are given four phrases: (a) requires the verb bere in the imperfect, (b) the verb essere in the imperfect, (c) the verb fare in the same tense, and (d) the verb dire in the same tense. Put the parts together to make complete statements.

1. Da bambino (-a), io...
   (a) solo il latte
   (b) sempre molto stanco (-a) la sera *(in the evenings)*
   (c) i compiti prima di andare a letto
   (d) sempre la verità *(the truth)* ai miei genitori

2. Da bambino (-a), anche tu...
   (a) solo il latte
   (b) sempre molto stanco (-a) la sera
   (c) i compiti prima di andare a letto
   (d) sempre la verità ai tuoi genitori

3. Da bambino, anche mio cugino...
   (a) solo il latte
   (b) sempre molto stanco la sera
   (c) i compiti prima di andare a letto
   (d) sempre la verità ai suoi genitori

4. Da bambina, anche la mia amica...
   (a) solo il latte
   (b) sempre molto stanca la sera
   (c) i compiti prima di andare a letto
   (d) sempre la verità ai suoi genitori

5. Da bambini, io e i miei amici (noi)...
   (a) solo il latte
   (b) sempre molto stanchi la sera
   (c) i compiti prima di andare a letto
   (d) sempre la verità ai nostri genitori

6. Da bambini, anche voi...
   (a) solo il latte
   (b) sempre molto stanchi la sera
   (c) i compiti prima di andare a letto
   (d) sempre la verità ai vostri genitori

7. Da bambini, anche i miei cugini...
   (a) solo il latte
   (b) sempre molto stanchi la sera
   (c) i compiti prima di andare a letto
   (d) sempre la verità ai loro genitori

(Answers are on pages 178–180.)

ESPRESSIONI

Sapere e conoscere / To Know

Well, at this point we have covered quite a bit of territory, haven't we? And so far, so good. You can certainly claim to *know* a lot about the Italian language and its culture. By the way, how do you say *to know* in Italian? It certainly is an important verb to know, since it occurs in many expressions.

There are, actually, two ways to say it. The first is with the verb sapere. Before getting to it, you should know that it is irregular, but only in the present indicative. It is regular in the present perfect (ho saputo, hai saputo, ...) and in the imperfect (sapevo, sapevi, ...). Here are its present indicative forms.

(io) so	*I know*
(tu) sai	*you know (informal)*
(Lei) sa	*you know (formal)*
(lui) sa	*he knows*
(lei) sa	*she knows*
(noi) sappiamo	*we know*
(voi) sapete	*you know (plural)*
(loro) sanno	*they know*

Use it to say that you know things in general, such as languages, and that you know *how to do* things (reading, writing, etc.). Here are a few examples.

Mio fratello sa tante cose. / *My brother knows a lot of things.*

> Mia sorella sapeva lo spagnolo da bambina. / *My sister used to know Spanish as a child.*
> Io non so fare quei compiti. / *I don't know how to do that homework.*

The other verb meaning *to know* is conoscere (koh-nOh-sheh-reh), which, by the way, is regular in all the tenses you have learned so far. When do you use conoscere? Here's when:

- *To indicate that you met someone for the first time, and thus got to know him or her.*

> Ho conosciuto Marco due anni fa. / *I met Marco two years ago.*
> Non conosco l'insegnante d'italiano. / *I don't know the Italian teacher.*

- *To indicate that you are familiar with a place, situation, and so on.*

> Noi conosciamo un bel ristorante a Roma. / *We know (are familiar with) a nice restaurant in Rome.*

BRAIN TICKLERS
Set # 45

A. Missing from each sentence is either sapere or conoscere. Indicate which of the two verbs is the appropriate one for completing the sentence.

1. Io non ... il vostro amico.
   (a) so
   (b) conosco

2. Maria, quando .... quella persona?
   (a) hai saputo
   (b) hai conosciuto

3. Mia sorella ... parlare molte lingue.
   (a) sa
   (b) conosce

4. Da bambini, noi ... un bel ristorante.
   (a) sapevamo
   (b) conoscevamo

5. Voi ... dove è andato il mio amico?
   (a) sapete
   (b) conoscete

6. Loro non ... la verità.
   (a) sanno
   (b) conoscono

B. Now answer these questions about yourself. Use complete sentences.

1. Quali lingue sai?
2. Conosci una persona famosa (famous)? Chi?
3. Che cosa sai fare molto bene?
4. Conosci un ristorante famoso? Quale?

(Answers are on page 180.)

CULTURA E COMUNICAZIONE

Ordinal Numbers

Do you know what il tredicesimo secolo (sEh-koh-loh) means? Well, it means the *thirteenth century*. This covers the years starting in 1200 and ending in 1299. Knowing how to refer to the centuries (i secoli) is a pretty important thing, if you are going to read about Italian culture and history, don't you think so?

To do so, you will have to learn *ordinal numbers*. These are numbers, such as *first, second,* and so on, that allow you to indicate position, order, sequence, and things like that. Here are the first ten.

1st	primo
2nd	secondo
3rd	terzo
4th	quarto
5th	quinto
6th	sesto
7th	settimo (sEh-tteeh-moh)
8th	ottavo
9th	nono
10th	decimo (dEh-cheeh-moh)

Note that these numbers are adjectives. You know what that means, don't you? It means that you must change the ending according to the noun.

> **il primo studente** / *the first student*
> **la seconda persona** / *the second person*
> and so on

Now, to form all other ordinal numbers all you have to do is take the corresponding cardinal number (**undici**, **dodici**, and so on), drop the final vowel (**undic-**, **dodic-**, and so on) and simply add **-esimo**.

11th	undicesimo
12th	dodicesimo
...	
214th	duecento quattordicesimo
and so on	

The only exception to this rule is numbers ending in **-tré**. In this case, simply remove the accent but keep the vowel:

23rd	ventitreesimo
83rd	ottantatreesimo

*Dante Alighieri
(1265–1321)*

Are you familiar with Dante? Most Italians will tell you that **il padre**, the "father" of their language is Dante Alighieri, one of the supreme figures of world literature. Do you know in what century he wrote? It was in the 1300s, so he wrote in the **quattordicesimo secolo**. Another way Italians refer to the century is to indicate the last three digits. In the case of the 1300s, the digits make up the number 300. So, that century is also called **il Trecento** (with a capital letter). This can be done from the 1200s on.

1200s	il tredicesimo secolo	=	il Duecento
1300s	il quattordicesimo secolo	=	il Trecento
...			
1900s	il ventesimo secolo	=	il Novecento
2000s	il ventunesimo secolo	=	il Duemila

BRAIN TICKLERS
Set # 46

How would you say the following in Italian?

1. the first class (lesson)
2. the second apple
3. the fifteenth century (in two ways)
4. the third brother
5. the fourth sister
6. the nineteenth century (in two ways)
7. the fifth book
8. the sixth shirt
9. the seventh pair of boots
10. the twentieth century (in two ways)
11. the eighth hat
12. the ninth day
13. the tenth city
14. the twenty-first century (in two ways)

(Answers are on page 180.)

BRAIN TICKLERS—THE ANSWERS

Set # 41, page 151

A.
1. Il ragazzo/L'uomo sembra stanco.
2. L'uomo sembra forte.
3. La ragazza/La bambina sembra malata.
4. L'uomo ha la febbre./L'uomo ha il raffreddore.
5. La donna ha mal di testa.
6. L'uomo ha mal di gola.

B.
1. Claudia ha portato il suo gatto dal veterinario due giorni fa.
2. Perché aveva un po' d'indigestione.
3. Sembrava molto stanco e debole.
4. La dottoressa Giusti è molto brava con gli animali.
5. Anche Claudia stava male.
6. Aveva male di testa, mal di gola, la febbre e un po' di tosse.
7. È andata dal medico.
8. Aveva il raffreddore.
9. Il medico ha detto a Claudia di bere molta acqua, di stare a casa tutta la giornata e di andare a letto molto presto.
10. Claudia e Zuzzi sono stati a casa tutta la giornata insieme.

C.
1. la testa
2. i capelli
3. la faccia
4. il naso
5. la lingua
6. le mani
7. i piedi
8. gli occhi
9. la bocca
10. i denti
11. il collo
12. le braccia
13. le labbra
14. le gambe

D. [Answers will vary]
1. In questo momento sto bene/sto male.
2. Sì, ho avuto l'influenza quando ero bambino (-a)./No, non ho mai avuto l'influenza.
3. Quando ho mal di stomaco prendo…
4. Sì, prendo le aspirine quando ho mal di testa./No, non prendo (mai) le aspirine quando ho mal di testa.
5. Sì, ho preso un antibiotico quando ho avuto l'influenza./No, non ho mai preso un antibiotico.
6. Quando ho il raffreddore…

7. Quando ho un'indigestione…
8. Sì, ho un cane che si chiama *Duca*./No, non ho un animale.
9. Quando non sto bene vado a letto presto/sto a casa/…
10. Vado dal medico quando sono malato (-a)…
11. Vado dai miei amici quando voglio parlare…
12. Divento stanco (-a) quando studio tanto…
13. Sì, sono andato (-a) dal veterinario quando il mio cane non stava bene…
14. Sono forte/debole.

E.

1. Claudia ha preso un altro antibiotico.
2. Claudia ha preso un altro bicchiere d'acqua.
3. Claudia ha preso delle altre bibite.
4. Claudia ha preso un'altra caramella.
5. Claudia ha preso degli altri bicchieri di latte.

F.

1. Mi fa male il naso.
2. Mi fa male la lingua.
3. Mi fanno male i piedi.
4. Mi fanno male gli occhi.
5. Mi fanno male i denti.
6. Mi fa male il collo.
7. Mi fanno male le braccia.

Set # 42, page 158

A.

1.
(a) (Io) sono andato in Italia l'anno scorso.
(b) (Io) sono già stato in Francia due anni fa.
(c) (Io) sono stato male la settimana scorsa.
(d) (Io) sono appena uscito per andare in centro.
(e) (Io) sono venuto in America un anno fa.

2.
(a) (Tu) sei andata in Italia l'anno scorso.
(b) (Tu) sei già stata in Francia due anni fa.
(c) (Tu) sei stata male la settimana scorsa.
(d) (Tu) sei appena uscita per andare in centro.
(e) (Tu) sei venuta in America un anno fa.

3.
(a) Mio fratello è andato in Italia l'anno scorso.
(b) Mio fratello è già stato in Francia due anni fa.
(c) Mio fratello è stato male la settimana scorsa.
(d) Mio fratello è appena uscito per andare in centro.
(e) Mio fratello è venuto in America un anno fa.

4.
(a) Mia sorella è andata in Italia l'anno scorso.
(b) Mia sorella è già stata in Francia due anni fa.
(c) Mia sorella è stata male la settimana scorsa.
(d) Mia sorella è appena uscita per andare in centro.
(e) Mia sorella è venuta in America un anno fa.

5.
(a) (Noi) siamo andate in Italia l'anno scorso.
(b) (Noi) siamo già state in Francia due anni fa.
(c) (Noi) siamo state male la settimana scorsa.
(d) (Noi) siamo appena uscite per andare in centro.
(e) (Noi) siamo venute in America un anno fa.

6.
(a) (Voi) siete andati in Italia l'anno scorso.
(b) (Voi) siete già stati in Francia due anni fa.
(c) (Voi) siete stati male la settimana scorsa.
(d) (Voi) siete appena usciti per andare in centro.
(e) (Voi) siete venuti in America un anno fa.

7.
(a) I miei genitori sono andati in Italia l'anno scorso.
(b) I miei genitori sono già stati in Francia due anni fa.
(c) I miei genitori sono stati male la settimana scorsa.
(d) I miei genitori sono appena usciti per andare in centro.
(e) I miei genitori sono venuti in America un anno fa.

8.
(a) Le sue amiche sono andate in Italia l'anno scorso.
(b) Le sue amiche sono già state in Francia due anni fa.
(c) Le sue amiche sono state male la settimana scorsa.
(d) Le sue amiche sono appena uscite per andare in centro.
(e) Le sue amiche sono venute in America un anno fa.

B.
1. Non mi sono piaciute le caramelle, ma mi è piaciuta la torta.
2. Non mi è piaciuta la pera, ma mi sono piaciute le arance.
3. Non mi è piaciuto il riso, ma mi sono piaciuti i ravioli.
4. Non mi sono piaciuti gli spaghetti, ma mi è piaciuta la carne.
5. Non mi sono piaciuti i fagiolini, ma mi sono piaciute le patate.
6. Non mi è piaciuta la pasta, ma mi sono piaciuti gli gnocchi.

Set # 43, page 163

1. Sì, Claudia lo ha (l'ha) comprato.
2. Sì, loro li hanno fatti.
3. Sì, Franco le ha scritte.
4. Sì, loro la hanno (l'hanno) presa.
5. Sì, Giovanni lo ha (l'ha) già letto.
6. Sì, i miei amici la hanno (l'hanno) bevuta.
7. Sì, Marco li ha comprati.
8. Sì, Maria le ha comprate.

Set # 44, page 165

A.

1.
(a) (Io) andavo spesso in Italia da bambino (-a).
(b) (Io) volevo gli spaghetti normalmente da bambino (-a).
(c) (Io) finivo i compiti mentre mia sorella guardava la TV.

2.
(a) (Tu) andavi spesso in Italia da bambino (-a).
(b) (Tu) volevi gli spaghetti normalmente da bambino (-a).
(c) (Tu) finivi i compiti mentre tua sorella guardava la TV.

3.
(a) Il mio amico andava spesso in Italia da bambino.
(b) Il mio amico voleva gli spaghetti normalmente da bambino.
(c) Il mio amico finiva i compiti mentre sua sorella guardava la TV.

4.
(a) L'amica di Paolo andava spesso in Italia da bambina.
(b) L'amica di Paolo voleva gli spaghetti normalmente da bambina.
(c) L'amica di Paolo finiva i compiti mentre sua sorella guardava la TV.

5.
(a) (Noi) andavamo spesso in Italia da bambini.
(b) (Noi) volevamo gli spaghetti normalmente da bambini.
(c) (Noi) finivamo i compiti mentre nostra sorella guardava la TV.

6.
(a) (Voi) andavate spesso in Italia da bambini.
(b) (Voi) volevate gli spaghetti normalmente da bambini.
(c) (Voi) finivate i compiti mentre vostra sorella guardava la TV.

7.
(a) (Loro) andavano spesso in Italia da bambini.
(b) (Loro) volevano gli spaghetti normalmente da bambini.

(c) (Loro) finivano i compiti mentre la loro sorella guardava la TV.

(d) Da bambino, anche mio cugino diceva sempre la verità ai suoi genitori.

B.

1.

(a) Da bambino (-a), io bevevo solo il latte.

(b) Da bambino (-a), io ero sempre molto stanco (-a) la sera.

(c) Da bambino (-a), io facevo i compiti prima di andare a letto.

(d) Da bambino (-a), io dicevo sempre la verità ai miei genitori.

2.

(a) Da bambino (-a), anche tu bevevi solo il latte.

(b) Da bambino (-a), anche tu eri sempre molto stanco (-a) la sera.

(c) Da bambino (-a), anche tu facevi i compiti prima di andare a letto.

(d) Da bambino (-a), anche tu dicevi sempre la verità ai tuoi genitori.

3.

(a) Da bambino, anche mio cugino beveva solo il latte.

(b) Da bambino, anche mio cugino era sempre molto stanco la sera.

(c) Da bambino, anche mio cugino faceva i compiti prima di andare a letto.

4.

(a) Da bambina, anche la mia amica beveva solo il latte.

(b) Da bambina, anche la mia amica era sempre molto stanca la sera.

(c) Da bambina, anche la mia amica faceva i compiti prima di andare a letto.

(d) Da bambina, anche la mia amica diceva sempre la verità ai suoi genitori.

5.

(a) Da bambini, io e i miei amici bevevamo solo il latte.

(b) Da bambini, io e i miei amici eravamo sempre molto stanchi la sera.

(c) Da bambini, io e i miei amici facevamo i compiti prima di andare a letto.

(d) Da bambini, io e i miei amici dicevamo sempre la verità ai nostri genitori.

6.

(a) Da bambini, anche voi bevevate solo il latte.

(b) Da bambini, anche voi eravate sempre molto stanchi la sera.

(c) Da bambini, anche voi facevate i compiti prima di andare a letto.

(d) Da bambini, anche voi direvate sempre la verità ai vostri genitori.

7.

(a) Da bambini, anche i miei cugini bevevano solo il latte.

(b) Da bambini, anche i miei cugini erano sempre molto stanchi la sera.

(c) Da bambini, anche i miei cugini facevano i compiti prima di andare a letto.

(d) Da bambini, anche i miei cugini dicevano sempre la verità ai loro genitori.

Set # 45, page 170

A.
1. (b)
2. (b)
3. (a)
4. (b)
5. (a)
6. (a)

B. [Answers will vary]

Set # 46, page 174

1. la prima lezione
2. la seconda mela
3. il sedicesimo secolo/il Cinquecento
4. il terzo fratello
5. la quarta sorella
6. il diciannovesimo secolo/l'Ottocento
7. il quinto libro
8. la sesta camicia
9. il settimo paio di stivali
10. il ventesimo secolo/il Novecento
11. l'ottavo cappello
12. il nono giorno/la nona giornata
13. la decima città
14. il ventunesimo secolo/il Duemila

Il mio negozio preferito!

My Favorite Store!

STORES AND SHOPPING

Pina, who is yet another good friend of Marco, Maria, and the rest of the group, loves to shop. Who doesn't! She intends to go downtown tomorrow and go on a shopping spree. Below are the stores she intends to visit. And below that is her note to you. Read both carefully.

Negozi / Stores

la calzoleria (kahl-tsoh-leh-rEEh-ah) / *shoe store*
il negozio di alimentari / *food store*
la libreria (leeh-breh-rEEh-ah) / *bookstore*
il negozio di abbigliamento / *clothing store*
il (grande) magazzino / *department store*
la cartoleria (kahr-toh-leh-rEEh-ah) / *stationery store*

Mi piace molto *fare delle spese*. È il mio *passatempo* preferito. Domani andrò in città anche se non potrò comprare niente. E andrò solo se *farà bel tempo*. Mi piace anche solo *entrare* nei negozi e guardare *in giro*, anche nei negozi *in cui* non mi piace niente, *come*, per esempio, i negozi di alimentari. *Infatti*, non voglio mai andare con i miei genitori a *fare la spesa*.

Voglio andare ad una calzoleria, anche se ci sono stata già due *volte* la settimana scorsa. Poi, andrò ad una libreria (non a una *biblioteca*!), ad un negozio di abbigliamento, ad un magazzino, dove comprerò *qualcosa* per il mio computer e, infine, ad una cartoleria.

C'è solo un piccolo *problema*. Non ho tanti soldi. E allora *forse* non comprerò niente. Vado *da sola* in centro *da due anni*. È il mio *tempo* tutto *personale*! Voi mi capite, non è vero?

Volete sapere qual è il mio negozio preferito? Vi dirò la verità, va bene? Non ho un negozio preferito. Mi piacciono tutti!

Vocabolario

fare delle spese	*to shop*
passatempo	*hobby*
farà bel tempo	*if the weather's nice*

entrare	*to enter*
in giro	*around*
in cui	*in which*
come	*like*
Infatti	*In fact*
fare la spesa	*to shop for food*
volte	*(two) times (twice)*
biblioteca	*library*
qualcosa	*something*
problema	*problem*
forse	*maybe*
da sola	*alone*
da due anni	*for two years*
tempo	*time*
personale	*personal*

BRAIN TICKLERS
Set # 47

A. Now, let's see if you can recognize stores by what they sell. The verb for *to sell* is vendere (vEhn-deh-reh). For example, if told that Si vendono le scarpe in questo negozio. / *One sells shoes in this store*, you would, of course, answer Il negozio in cui si vendono le scarpe si chiama la calzoleria. / *The store in which one sells shoes (in which shoes are sold) is called the shoe store.*

1. Si vende la carne in questo negozio.
2. Si comprano i libri in questo negozio.
3. Si vendono gli stivali in questo negozio.
4. Si vendono le matite e le penne in questo negozio.
5. Si può comprare tutto in questo negozio.
6. Questo non è un negozio, ma ci sono libri. Che cos'è?

B. Now, let's see how much of Pina's note you remember. Answer each
 sentence with a complete sentence.

1. Qual è il passatempo preferito di Pina?

2. Dove andrà domani?

3. Che cosa piace fare a Pina, anche nei negozi in cui non le piace
 niente *(in which she doesn't like anything)*?

4. Qual è il suo piccolo problema?

5. Da quanti anni *(for how many years)* Pina va da sola in centro?

6. Qual è il negozio preferito di Pina?

Pina non ha comprato niente ieri. / *Pina didn't buy anything yesterday.*

Pina non compra mai la carne. / *Pina never buys meat.*

Io non conosco nessuno in questa città. / *I know no one in this city.*

Non andrò più in centro. / *I will not go downtown any more.*

C. Someone asks you a question. Answer in the negative each time. How? Well, here's an example. If someone asks you Pina ha comprato qualcosa ieri? / *Did Pina buy something yesterday?* you would answer No, Pina non ha comprato niente (or nulla) ieri. / *No, Pina didn't buy anything yesterday.* Get it?

1. Tu hai comprato qualcosa ieri?
2. Pina mangia sempre le caramelle?
3. Maria va ancora *(still)* in centro per fare delle spese?
4. Loro conoscono tutti in questa città?
5. Vuoi qualcosa da mangiare *(to eat)*?
6. Conosci tutti nella tua scuola?
7. Vai sempre in centro il sabato *(on Saturdays)*?
8. Studi ancora lo spagnolo?

LEARNING TIP!

Direct object pronouns

Pina asked you in her note, Voi mi capite, non è vero? / *You all understand me, don't you?* Remember? The pronoun mi is yet another direct object pronoun. Remember lo, li, la, le from the previous chapter? Well, add this one to your list. And while we're at it, actually, let's complete the list. Notice that they all come before the verb.

mi / *me*	Anche loro mi capiscono. / *They understand me too.*
ti / *you*	Maria, ti chiamo questa sera. / *Maria, I'll call you this evening.*
lo / *him*	Marco? Lo chiamerò domani. / *Marco? I'll call him tomorrow.*

lo / it (m.)	Il cappello? Lo comprerò domani. / *The hat? I'll buy it tomorrow.*
la / her	Maria? La chiamerò domani. / *Maria? I'll call her tomorrow.*
la / it (f.)	La camicia? La comprerò domani. / *The shirt? I'll buy it tomorrow.*
ci / us	Lui non ci capisce. / *He does not understand us.*
vi / you (plural)	Io non vi capisco. / *I do not understand you.*
li / them (m.)	Marco e Paolo? Li chiamerò domani. / *Marco and Paolo? I'll call them tomorrow.*
li / them (m.)	I cappelli? Li comprerò domani. / *The hats? I'll buy them tomorrow.*
le / them (f.)	Maria e Pina? Le chiamerò domani. / *Maria and Pina? I'll call them tomorrow.*
le / them (f.)	Le camicie? Le comprerò domani. / *The shirts? I'll buy them tomorrow.*

[Remember that there is agreement between lo, li, la, and le and the past participle of a verb. This is optional with the other pronouns.]

D. Answer each question in the affirmative, fitting the pronoun to the content of your answer. For example, if asked Mi chiami stasera? / *Will you call me this evening?* you would answer Sì, ti chiamo stasera. / *Yes, I'll call you this evening.* If asked Hai chiamato Marco stamani? / *Did you call Marco this morning?* you would answer Sì, l'ho chiamato stamani. / *Yes, I called him this morning.* Got it? Make all the necessary changes to the parts in your answer that make sense.

Attenzione!

questa mattina / *this morning*	=	stamani / *this morning*
questa sera / *this evening*	=	stasera / *this evening, tonight*

1. Mi hai chiamato stamani?

2. Ti ho dato il mio numero di telefono?

3. Hai chiamato Paolo stamani?

4. Hai chiamato Claudia ieri? *(Be careful! Remember that you will have to make the participle agree!)*

5. Hai mangiato la pizza ieri? *(Be careful again!)*

6. Hai già bevuto il latte?

7. Hai mangiato gli spaghetti? *(Continue being careful!)*

8. Hai preso le aspirine? *(Careful!)*

9. Ci hai chiamato ieri?

10. Vi abbiamo dato il nostro numero di telefono?

LEARNING TIP!

Pina used three nouns that look unusual, don't they? The nouns are il problema, la città, and il computer. Let's look more closely at the first one. It ends in -a (actually in -ema), and yet it is masculine! Well, fortunately, there are not too many like it. And they all end in -ema. Here are two more: il tema / *the theme* and il teorema / *the theorem*. The interesting thing about these nouns is that when they are pluralized they become like all masculine nouns—they end in -i.

SINGULAR	PLURAL
il problema / *the problem*	i problemi / *the problems*
il tema / *the theme, composition*	i temi / *the themes, compositions*

Now, let's consider città. Look at it's ending. Unlike other nouns it has an accent on it. When a noun has an accent, it does not change in the plural. Everything else does, though (like the article).

SINGULAR	PLURAL
la città / *the city*	le città / *the cities*
il caffè / *the coffee*	i caffè / *the coffees*

And, finally, the noun il computer hardly looks like an Italian one, don't you agree? It is, in fact, an English noun that Italians have simply borrowed. There are a number of these. Such nouns also do not change in the plural. Again, every-thing else does.

SINGULAR	PLURAL
il computer / *the computer*	i computer / *the computers*
lo sport / *sport*	gli sport / *sports*

E. Answer each question in the plural. For example, if asked Hai un problema in questo momento? / *Do you have a problem at this moment?* you would answer Ho molti problemi in questo momento. / *I have a lot of problems at this moment.*

1. Devi scrivere un tema in questo momento?
2. Conosci un teorema in matematica?
3. Vuoi visitare una città in Italia?
4. Vuoi un caffè?
5. C'è un computer nella tua scuola?
6. Ti piace lo sport?

F. Now, let's see how you feel about shopping and related matters. Answer each question with a complete sentence.

1. Ti piace fare delle spese? Perché?
2. Dove vai di solito per fare delle spese? Perché?
3. Qual è il tuo negozio preferito? Perché?
4. Cosa devi comprare in questo momento?
5. Ti piace fare la spesa? Perché?
6. Hai dei problemi in questo momento? Quali?

(Answers are on pages 201 and 202.)

UN PO' DI GRAMMATICA!

The Future Tense

Forse non comprerò niente / Maybe I will not buy anything

Remember Pina's comment that maybe she will not buy anything, **Forse non comprerò niente**, because she had very little money? Well, she used a new tense. It's called the *future*. As its name implies, it allows you to talk about things in the future. No more, no less. It renders the English forms *I will do something* or *I will be doing something*.

OK, so how do we form the future tense in Italian? Let's start with verbs ending in **-are**. You remember those, of course, don't you? To form the future of these first conjugation verbs, drop the final **-e**: for example, **parlare** becomes **parlar-**, and then change the **-a** to **-e**: **parler-**. You have to do this with every first conjugation verb. Then, simply add on the following endings.

(io) parler**ò**	*I will speak, I will be speaking*
(tu) parler**ai**	*you will speak, you will be speaking (informal)*
(Lei) parler**à**	*you will speak, you will be speaking (formal)*
(lui) parler**à**	*he will speak, he will be speaking*
(lei) parler**à**	*she will speak, she will be speaking*
(noi) parler**emo**	*we will speak, we will be speaking*
(voi) parler**ete**	*you will speak, you will be speaking (plural)*
(loro) parler**anno**	*they will speak, they will be speaking*

Now, let's look at verbs ending in **-care** and **-gare**. These have a hard sound pronunciation. Remember? Examples are **cercare** / *to search* and **pagare** / *to pay*. You recall these, don't you? Let's see what happens when you change the -a to -e: cercer-, pager-. The problem is that this also changes the pronunciation into a soft one. So, to keep the original hard sound add an "h": cercher- and pagher-. Get it? Everything else is the same: (io) cercherò / *I will search,* (tu) cercherai / *you will search,* and so on.

Let's look at verbs ending in -ciare and -giare. These have a soft sound pronunciation instead. Remember these too? Examples are cominciare / *to begin* and mangiare / *to eat.* You recall these too, don't you? Let's see what happens when you change the -a to -e: comincier-, mangier-. Nothing changes in pronunciation. So, you do not need to retain the "i": comincer- and manger-. Get it? Everything else is the same: (io) comincerò / *I will search,* (tu) comincerai / *you will search,* and so on.

Now, let's finish up. It's easy to form the future of the second and third conjugations. All you have to do in this case is simply drop the final -e and add the same endings. Nothing else! Let's conjugate vendere (vender-) / *to sell* and finire (finir-) / *to finish.*

(io) vender*ò*	*I will sell, I will be selling*
(tu) vender*ai*	*you will sell, you will be selling (informal)*
(Lei) vender*à*	*you will sell, you will be selling (formal)*
(lui) vender*à*	*he will sell, he will be selling*
(lei) vender*à*	*she will sell, she will be selling*
(noi) vender*emo*	*we will sell, we will be selling*
(voi) vender*ete*	*you will sell, you will be selling (plural)*
(loro) vender*anno*	*they will sell, they will be selling*
(io) finir*ò*	*I will finish, I will be finishing*
(tu) finir*ai*	*you will finish, you will be finishing (informal)*
(Lei) finir*à*	*you will finish, you will be finishing (formal)*
(lui) finir*à*	*he will finish, he will be finishing*
(lei) finir*à*	*she will finish, she will be finishing*

(noi) finir*emo*	*we will finish, we will be finishing*
(voi) finir*ete*	*you will finish, you will be finishing (plural)*
(loro) finir*anno*	*they will finish, they will be finishing*

BRAIN TICKLERS
Set # 48

OK, let's practice our verbs. In the exercise you are given a subject (io, tu, suo fratello, etc.). Then you are given five phrases: (a) requires the verb entrare in the future, (b) the verb cercare in the same tense, (c) the verb mangiare in the same tense, (d) the verb prendere in the same tense, and (e) the verb uscire in the same tense again. Put the two parts together to make complete statements. Don't forget to make each verb agree with the subject.

Attenzione!

probabile / *probable*   probabilmente / *probably*
certo / *certain*   certamente / *certainly*

1. forse domani io...
   (a) solo in quel negozio
   (b) un nuovo paio di scarpe in un negozio del centro
   (c) in un ristorante in città
   (d) un cappuccino
   (e) con gli amici dopo che ho fatto delle spese

[NOTE: dopo che ho fatto = *after having*]

2. anche tu domani...
    (a) solo in quel negozio
    (b) un nuovo paio di scarpe in un negozio del centro
    (c) in un ristorante in città
    (d) un cappuccino
    (e) con gli amici dopo che hai fatto delle spese

3. probabilmente domani suo fratello...
    (a) solo in quel negozio
    (b) un nuovo paio di scarpe in un negozio del centro
    (c) in un ristorante in città
    (d) un cappuccino
    (e) con gli amici dopo che ha fatto delle spese

4. probabilmente domani mia sorella...
    (a) solo in quel negozio
    (b) un nuovo paio di scarpe in un negozio del centro
    (c) in un ristorante in città
    (d) un cappuccino
    (e) con gli amici dopo che ha fatto delle spese

5. forse domani noi due...
    (a) solo in quel negozio
    (b) un nuovo paio di scarpe in un negozio del centro
    (c) in un ristorante in città
    (d) un cappuccino
    (e) con gli amici dopo che abbiamo fatto delle spese

6. forse domani anche voi...
    (a) solo in quel negozio
    (b) un nuovo paio di scarpe in un negozio del centro
    (c) in un ristorante in città
    (d) un cappuccino
    (e) con gli amici dopo che avete fatto delle spese

7. certamente domani loro...
    (a) solo in quel negozio
    (b) un nuovo paio di scarpe in un negozio del centro
    (c) in un ristorante in città
    (d) un cappuccino
    (e) con gli amici dopo che hanno fatto delle spese

(Answers are on pages 202 and 203.)

The Future Tense with Irregular Verbs

Andrò solo se farà bel tempo / I will be going only if the weather is nice

Guess what? In the future, as in all other tenses, some verbs are irregular. In this case, many of the irregular verbs are irregular in a regular way! Confusing? Well, let's take the verb andare, which is irregular in a regular way. In this case, just drop both vowels of the ending. What are you left with? You are left with andr-. Now, simply add on the usual endings: (io) andrò, (tu) andrai, and so on. See what I mean? The verbs below are conjugated in this way.

andare / to go
avere / to have
dovere / to have to
potere / to be able to
sapere / to know
vedere / to see
vivere / to live

The small set of verbs below also contains irregular verbs. But these are irregular, period! You are given the forms without translations which, at this point, you should be able to supply by yourself.

bere / to drink: (io) berrò, (tu) berrai, (Lei/lui/lei) berrà, (noi) berremo, (voi) berrete, (loro) berranno

dare / to give: (io) darò, (tu) darai, (Lei/lui/lei) darà, (noi) daremo, (voi) darete, (loro) daranno

fare / to do: (io) farò, (tu) farai, (Lei/lui/lei) farà, (noi) faremo, (voi) farete, (loro) faranno

essere / to be: (io) sarò, (tu) sarai, (Lei/lui/lei) sarà, (noi) saremo, (voi) sarete, (loro) saranno

venire / to come: (io) verrò, (tu) verrai, (Lei/lui/lei) verrà, (noi) verremo, (voi) verrete, (loro) verranno

volere / to want: (io) vorrò, (tu) vorrai, (Lei/lui/lei) vorrà, (noi) vorremo, (voi) vorrete, (loro) vorranno

BRAIN TICKLERS
Set # 49

That was a lot to learn, wasn't it? Well, let's get some quick practice in. In the exercise you are given a subject (io, tu, mio fratello, etc.). Then you are given four phrases: (a) requires that you put into the future venire, fare, vedere, and bere in this order in the blanks shown, (b) requires that you put into the future volere and dare in this order in the blanks shown, (c) requires that you put into the future essere, avere, and potere in this order in the blanks shown, and (d) requires that you put into the future dovere and sapere in this order in the blanks shown. Put the two parts together to make complete statements. Don't forget to make each verb agree with the subject.

Attenzione!

poi / then (after)   pure / as well, also

1. domani io...
   (a) ... in centro con te *(you)*, poi ... delle spese, dopo ... un amico e ... un caffè insieme
   (b) ti ... incontrare *(meet)* nel pomeriggio e ti ... i soldi che ti devo *(that I owe you)*
   (c) ... in centro solo per due ore, anche se ... molto da fare *(lots to do)* e allora non ... fare molte spese
   (d) allora ... tornare *(return)*, anche se non ... in quale negozio devo andare

2. domani anche tu...
   (a) ... in centro con me *(me)*, poi ... delle spese, dopo ... un amico e ... un caffè insieme
   (b) mi ... incontrare nel pomeriggio e mi ... i soldi che mi devi
   (c) ... in centro solo per due ore, anche se ... molto da fare e allora non ... fare molte spese
   (d) allora ... tornare, anche se non ... in quale negozio devi andare

3. domani pure mio fratello...
   (a) ... in centro con me, poi ... delle spese, dopo ... un amico e ... un caffè insieme
   (b) mi ... incontrare nel pomeriggio e mi ... i soldi che mi deve
   (c) ... in centro solo per due ore, anche se ... molto da fare e allora non ... fare molte spese
   (d) allora ... tornare, anche se non ... in quale negozio deve andare

4. domani noi ...
   (a) ... in centro con te, poi ... delle spese, dopo ... un amico e ... un caffè insieme
   (b) ti ... incontrare nel pomeriggio e ti ... i soldi che ti dobbiamo
   (c) ... in centro solo per due ore, anche se ... molto da fare e allora non ... fare molte spese
   (d) allora ... tornare, anche se non ... in quale negozio dobbiamo andare

5. domani pure voi...
   (a) ... in centro con me, poi ... delle spese, dopo ... un amico e ... un caffè insieme
   (b) mi ... incontrare nel pomeriggio e mi ... i soldi che mi dovete
   (c) ... in centro solo per due ore, anche se ... molto da fare e allora non ... fare molte spese
   (d) allora ... tornare, anche se non ... in quale negozio dovete andare

6. domani certamente loro...
   (a) ... in centro con te, poi ... delle spese, dopo ... un amico e ... un caffè insieme
   (b) ti ... incontrare nel pomeriggio e ti ... i soldi che ti devono
   (c) ... in centro solo per due ore, anche se ... molto da fare e allora non ... fare molte spese
   (d) allora ... tornare, anche se non ... in quale negozio devono andare

(Answers are on pages 203–205.)

ESPRESSIONI

Da / For and Since

Let's go back to Pina's note for a second. Do you remember when she wrote **Vado da sola in centro da due anni** / *I have been going alone downtown for two years*? Well, the expression **da due anni** merits some discussion. Why? Because **da** in this type of expression can mean both *for* and *since*.

> **Abito qui da quattro anni.** / *I have been living here for four years.*
> **Abito qui dal 2005.** / *I have been living here since 2005.*
>
> **Mio fratello studia il francese da sei mesi.** / *My brother has been studying French for six months.*
> **Mio fratello studia il francese da gennaio.** / *My brother has been studying French since January.*

That's all there really is to it. Just remember that in Italian **da** gives you both *since* and *for* in time expressions like those above. By the way, did you notice the translation? Is there something similar in Italian? There is something similar, but not identical. It is made up of the verb **stare**, which you certainly know by now, and the gerund. Don't worry what this means grammatically. It is equivalent to English *going*, *living*, etc.

Gerunds

How do you make a gerund in Italian? Simple. Drop the usual **-are**, **-ere**, and **-ire** endings and add **-ando** for the first conjugation and **-endo** for the other two.

> mangiare   =   mangiando / *eating*
> prendere   =   prendendo / *taking*
> finire   =   finendo / *finishing*

Now, putting stare together with the gerund gives us our tense.

(io) sto mangiando / *I am eating*
(tu) stai mangiando / *you are eating (informal)*
(Lei/lui/lei) sta mangiando / *you are eating (formal),*
   he/she is eating

(noi) stiamo mangiando / *we are eating*
(voi) state mangiando / *you are eating (plural)*
(loro) stanno mangiando / *they are eating*

(io) sto prendendo / *I am taking*
(tu) stai prendendo / *you are taking (informal)*
(Lei/lui/lei) sta prendendo / *you are taking (formal),*
   he/she is taking

(noi) stiamo prendendo / *we are taking*
(voi) state prendendo / *you are taking (plural)*
(loro) stanno prendendo / *they are taking*

(io) sto finendo / *I am finishing*
(tu) stai finendo / *you are finishing (informal)*
(Lei/lui/lei) sta finendo / *you are finishing (formal),*
   he/she is finishing

(noi) stiamo finendo / *we are finishing*
(voi) state finendo / *you are finishing (plural)*
(loro) stanno finendo / *they are finishing*

Are there any irregular gerunds? Very few. Here are the most important ones.

fare	=	facendo / *doing, making*
bere	=	bevendo / *drinking*
dire	=	dicendo / *saying*

By the way, if you are interested, the above tense is called the *present progressive.*

BRAIN TICKLERS
Set # 50

Now, let's get some quick practice in. In the exercise you are given a subject (io, tu, la mia amica, etc.). Then you are given six phrases: (a) requires that you put into the present progressive the verb studiare, (b) requires that you put into the present progressive the verb leggere, (c) requires that you put into the present progressive the verb dormire, (d) requires that you put into the present progressive the verb fare, (e) requires that you put into the present progressive the verb bere, and (f) requires that you put into the present progressive the verb dire. Put the two parts together to make complete statements. Don't forget to make each verb agree with the subject.

1. io...
   (a) da questa mattina
   (b) lo stesso libro da marzo
   (c) da quasi otto ore
   (d) la spesa insieme ai miei genitori in questo momento
   (e) un bicchiere di latte
   (f) la stessa cosa da ieri

2. tu...
   (a) da questa mattina
   (b) lo stesso libro da marzo
   (c) da quasi otto ore
   (d) la spesa insieme ai tuoi genitori in questo momento
   (e) un bicchiere di latte
   (f) la stessa cosa da ieri

3. la mia amica...
   (a) da questa mattina
   (b) lo stesso libro da marzo
   (c) da quasi otto ore
   (d) la spesa insieme ai suoi genitori in questo momento
   (e) un bicchiere di latte
   (f) la stessa cosa da ieri

4. noi...
   (a) da questa mattina
   (b) lo stesso libro da marzo
   (c) da quasi otto ore
   (d) la spesa insieme ai nostri genitori in questo momento
   (e) un bicchiere di latte
   (f) la stessa cosa da ieri

5. voi...
   (a) da questa mattina
   (b) lo stesso libro da marzo
   (c) da quasi otto ore
   (d) la spesa insieme ai vostri genitori in questo momento
   (e) un bicchiere di latte
   (f) la stessa cosa da ieri

6. loro...
   (a) da questa mattina
   (b) lo stesso libro da marzo
   (c) da quasi otto ore
   (d) la spesa insieme ai loro genitori in questo momento
   (e) un bicchiere di latte
   (f) la stessa cosa da ieri

(Answers are on pages 205 and 206.)

CULTURA E COMUNICAZIONE

The Weather

Did you notice that Pina will not be going shopping unless the weather is nice—in Italian **se farà bel tempo**? Remember **fa caldo** and **fa freddo**? Well, add **bel tempo** / *good weather* and **cattivo tempo** / *bad weather* to the list. And while we're at it, put in **piovere** / *to rain* and **nevicare** / *to snow*.

By the way **tempo** can also mean *time* (in a general sense). Remember **che ora è**? Well, **ora** means *time* as well, but it refers to measured time (as on a clock). Finally, remember that Pina had already gone **due volte**, or *two times*, to **la calzoleria**. Well, **la volta** also means *time*, as you can see, but it refers to an *occurrence*: **una volta** / *one time (once)*, **sei volte** / *six times*...

Also, have you noticed expressions such as **il sabato** / *on Saturdays*, **il lunedì** / *on Mondays*, and the like? Well, you have been using them here and there. All you do in Italian is use the definite article. Don't forget that **domenica** is feminine, so to say *on Sundays* you would use **la domenica**.

BRAIN TICKLERS
Set # 51

Now, answer the following questions with complete sentences.

1. Che tempo fa oggi?
2. Che tempo ha fatto ieri?
3. Che tempo farà domani?
4. Faceva caldo o freddo ieri?
5. Sta piovendo in questo momento?
6. Nevicherà domani?
7. Che ora è?
8. Come passi *(do you pass)* il tempo la domenica?
9. Quante volte studi al giorno? (al giorno = *per day*)
10. Che fai di solito il sabato?

(Answers are on page 206.)

BRAIN TICKLERS—THE ANSWERS

Set # 47, page 183

A.

1. Il negozio in cui si vende la carne si chiama il negozio di alimentari.
2. Il negozio in cui si comprano i libri si chiama la libreria.
3. Il negozio in cui si vendono gli stivali si chiama la calzoleria.
4. Il negozio in cui si vendono le matite e le penne si chiama la cartoleria.
5. Il negozio in cui si può comprare tutto si chiama il magazzino.
6. È una biblioteca.

B.

1. Il passatempo preferito di Pina è fare delle spese.
2. Domani andrà in città.
3. A Pina piace guardare in giro (anche nei negozi in cui non le piace niente).
4. Pina non ha tanti soldi. Questo è il suo piccolo problema.
5. Pina va da sola in centro da due anni.
6. Pina non ha un negozio preferito. A Pina piacciono tutti i negozi.

C.

1. No, non ho comprato niente/nulla ieri.
2. No, Pina non mangia mai le caramelle.
3. No, Maria non va più in centro per fare delle spese.
4. No, loro non conoscono nessuno in questa città.
5. No, non voglio niente/nulla da mangiare.
6. No, non conosco nessuno nella mia scuola.
7. No, non vado mai in centro il sabato.
8. No, non studio più lo spagnolo.

D.

1. Sì, ti ho chiamato stamani.
2. Sì, mi hai dato il tuo numero di telefono.
3. Sì, l'ho chiamato stamani.
4. Sì, l'ho chiamata ieri.
5. Sì, l'ho mangiata ieri.
6. Sì, l'ho già bevuto.
7. Sì, li ho mangiati.
8. Sì, le ho prese.
9. Sì, vi ho chiamato ieri.
10. Sì, ci avete dato il vostro numero di telefono.

E.

1. Devo scrivere molti temi in questo momento.
2. Conosco molti teoremi in matematica.

3. Voglio visitare molte città in Italia.

4. Voglio molti caffè.

5. Ci sono molti computer nella mia scuola.

6. Mi piacciono molti sport.

F. [Answers will vary]
1. Sì, mi piace fare delle spese./No, non mi piace fare delle spese, perché…

2. Per fare delle spese di solito vado in centro, vado ad un magazzino,…, perché…

3. Il mio negozio preferito è…, perchè…

4. In questo momento devo comprare un nuovo cellulare, un altro portatile,…

5. Sì, mi piace fare la spesa./No, non mi piace fare la spesa, perché…

6. Sì, ho molti problemi in questo momento./No, non ho problemi in questo momento. Devo studiare di più./Ho bisogno di più soldi./…

Set # 48, page 191

1.
(a) Forse domani io entrerò solo in quel negozio.

(b) Forse domani io cercherò un nuovo paio di scarpe in un negozio del centro.

(c) Forse domani io mangerò in un ristorante in città.

(d) Forse domani io prenderò un cappuccino.

(e) Forse domani io uscirò con gli amici dopo che ho fatto delle spese.

2.
(a) Anche tu domani entrerai solo in quel negozio.

(b) Anche tu domani cercherai un nuovo paio di scarpe in un negozio del centro.

(c) Anche tu domani mangerai in un ristorante in città.

(d) Anche tu domani prenderai un cappuccino.

(e) Anche tu domani uscirai con gli amici dopo che hai fatto delle spese.

3.
(a) Probabilmente domani suo fratello entrerà solo in quel negozio.

(b) Probabilmente domani suo fratello cercherà un nuovo paio di scarpe in un negozio del centro.

(c) Probabilmente domani suo fratello mangerà in un ristorante in città.

(d) Probabilmente domani suo fratello prenderà un cappuccino.

(e) Probabilmente domani suo fratello uscirà con gli amici dopo che ha fatto delle spese.

4.
(a) Probabilmente domani mia sorella entrerà solo in quel negozio.

(b) Probabilmente domani mia sorella cercherà un nuovo paio di scarpe in un negozio del centro.

(c) Probabilmente domani mia sorella mangerà in un ristorante in città.

(d) Probabilmente domani mia sorella prenderà un cappuccino.

(e) Probabilmente domani mia sorella uscirà con gli amici dopo che ha fatto delle spese.

5.

(a) Forse domani noi due entreremo solo in quel negozio.

(b) Forse domani noi due cercheremo un nuovo paio di scarpe in un negozio del centro.

(c) Forse domani noi due mangeremo in un ristorante in città.

(d) Forse domani noi due prenderemo un cappuccino.

(e) Forse domani noi due usciremo con gli amici dopo che abbiamo fatto delle spese.

6.

(a) Forse domani anche voi entrerete solo in quel negozio.

(b) Forse domani anche voi cercherete un nuovo paio di scarpe in un negozio del centro.

(c) Forse domani anche voi mangerete in un ristorante in città.

(d) Forse domani anche voi prenderete un cappuccino.

(e) Forse domani anche voi uscirete con gli amici dopo che avete fatto delle spese.

7.

(a) Certamente domani loro entreranno solo in quel negozio.

(b) Certamente domani loro cercheranno un nuovo paio di scarpe in un negozio del centro.

(c) Certamente domani loro mangeranno in un ristorante in città.

(d) Certamente domani loro prenderanno un cappuccino.

(e) Certamente domani loro usciranno con gli amici dopo che hanno fatto delle spese.

Set # 49, page 194

1.

(a) Domani io verrò in centro con te, poi farò delle spese, dopo vedrò un amico e berrò un caffè insieme.

(b) Domani io ti vorrò incontrare nel pomeriggio e ti darò i soldi che ti devo.

(c) Domani io sarò in centro solo per due ore, anche se avrò molto da fare e allora non potrò fare molte spese.

(d) Domani io allora dovrò tornare, anche se non saprò in quale negozio devo andare.

2.

(a) Domani anche tu verrai in centro con me, poi farai delle spese, dopo vedrai un amico e berrai un caffè insieme.

(b) Domani anche tu mi vorrai incontrare nel pomeriggio e mi darai i soldi che mi devi.

(c) Domani anche tu sarai in centro solo per due ore, anche se avrai molto da fare e allora non potrai fare molte spese.

(d) Domani anche tu allora dovrai tornare, anche se non saprai in quale negozio devi andare.

3.

(a) Domani pure mio fratello verrà in centro con me, poi farà delle spese, dopo vedrà un amico e berrà un caffè insieme.

(b) Domani pure mio fratello mi vorrà incontrare nel pomeriggio e mi darà i soldi che mi deve.

(c) Domani pure mio fratello sarà in centro solo per due ore, anche se avrà molto

da fare e allora non potrà fare molte spese.

(d) Domani pure mio fratello allora dovrà tornare, anche se non saprà in quale negozio deve andare.

4.

(a) Domani noi verremo in centro con te, poi faremo delle spese, dopo vedremo un amico e berremo un caffè insieme.

(b) Domani noi ti vorremo incontrare nel pomeriggio e ti daremo i soldi che ti dobbiamo.

(c) Domani noi saremo in centro solo per due ore, anche se avremo molto da fare e allora non potremo fare molte spese.

(d) Domani noi allora dovremo tornare, anche se non sapremo in quale negozio dobbiamo andare.

5.

(a) Domani pure voi verrete in centro con me, poi farete delle spese, dopo vedrete un amico e berrete un caffè insieme.

(b) Domani pure voi mi vorrete incontrare nel pomeriggio e mi darete i soldi che mi dovete.

(c) Domani pure voi sarete in centro solo per due ore, anche se avrete molto da fare e allora non potrete fare molte spese.

(d) Domani pure voi allora dovrete tornare, anche se non saprete in quale negozio dovete andare.

6.

(a) Domani certamente loro verranno in centro con te, poi faranno delle spese, dopo vedranno un amico e berranno un caffè insieme.

(b) Domani certamente loro ti vorranno incontrare nel pomeriggio e ti daranno i soldi che ti devono.

(c) Domani certamente loro saranno in centro solo per due ore, anche se avranno molto da fare e allora non potranno fare molte spese.

(d) Domani certamente loro allora dovranno tornare, anche se non sapranno in quale negozio devono andare.

Set # 50, page 198

1.

(a) Io sto studiando da questa mattina.

(b) Io sto leggendo lo stesso libro da marzo.

(c) Io sto dormendo da quasi otto ore.

(d) Io sto facendo la spesa insieme ai miei genitori in questo momento.

(e) Io sto bevendo un bic-chiere di latte.

(f) Io sto dicendo la stessa cosa da ieri.

2.

(a) Tu stai studiando da questa mattina.

(b) Tu stai leggendo lo stesso libro da marzo.

(c) Tu stai dormendo da quasi otto ore.

(d) Tu stai facendo la spesa insieme ai tuoi genitori in questo momento.

(e) Tu stai bevendo un bic-chiere di latte.

(f) Tu stai dicendo la stessa cosa da ieri.

3.

(a) La mia amica sta studiando da questa mattina.

(b) La mia amica sta leggendo lo stesso libro da marzo.

(c) La mia amica sta dor-mendo da quasi otto ore.

(d) La mia amica sta facendo la spesa insieme ai suoi genitori in questo momento.

(e) La mia amica sta bevendo un bicchiere di latte.

(f) La mia amica sta dicendo la stessa cosa da ieri.

4.

(a) Noi stiamo studiando da questa mattina.

(b) Noi stiamo leggendo lo stesso libro da marzo.

(c) Noi stiamo dormendo da quasi otto ore.

(d) Noi stiamo facendo la spesa insieme ai nostri genitori in questo momento.

(e) Noi stiamo bevendo un bicchiere di latte.

(f) Noi stiamo dicendo la stessa cosa da ieri.

5.

(a) Voi state studiando da questa mattina.

(b) Voi state leggendo lo stesso libro da marzo.

(c) Voi state dormendo da quasi otto ore.

(d) Voi state facendo la spesa insieme ai vostri genitori in questo momento.

(e) Voi state bevendo un bicchiere di latte.

(f) Voi state dicendo la stessa cosa da ieri.

6.

(a) Loro stanno studiando da questa mattina.

(b) Loro stanno leggendo lo stesso libro da marzo.

(c) Loro stanno dormendo da quasi otto ore.

(d) Loro stanno facendo la spesa insieme ai loro genitori in questo momento.

(e) Loro stanno bevendo un bicchiere di latte.

(f) Loro stanno dicendo la stessa cosa da ieri.

Set # 51, page 200

[Answers will vary]

1. Oggi fa bel tempo/cattivo tempo.

2. Ieri ha fatto bel tempo/cattivo tempo.

3. Domani farà bel tempo/cattivo tempo.

4. Ieri faceva caldo/freddo.

5. Sì, sta piovendo./No, non sta piovendo.

6. Sì, nevicherà./No, non nevicherà.

7. È l'una e mezzo./Sono le due e un quarto./…

8. La domenica guardo la TV/esco con gli amici/…

9. Studio una volta al giorno./Studio due volte al giorno./…

10. Di solito il sabato vado in centro/faccio delle spese/…

Il mio programma preferito!

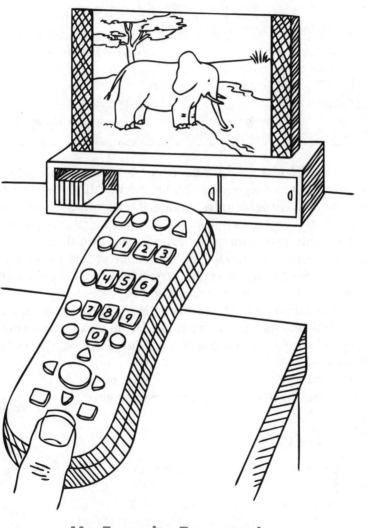

My Favorite Program!

PROGRAMS, TELEVISION, AND CINEMA

Meet Stefano (stEh-fah-noh). He loves to watch TV and especially old movies. Guess what? He is also a friend of Marco's, Maria's, and all the others who have been trying to teach you some Italian. Below is a list of the kinds of TV programs he likes to watch. And below that is a little note to you. Read both carefully.

Programmi / Programs

il programma a puntate / *serial program*

il telegiornale / *TV news*

lo spot pubblicitario / *TV commercial*

il telefilm / *TV movie*

la cronaca (krOh-nah-kah) / *current events show*

il documentario / *documentary*

lo spettacolo (speh-tAh-koh-loh) / *(variety) show*

il talk show / *talk show*

Amo la *televisione*. La vorrei guardare tutta la giornata, anche se non è *possibile* (poh-ssEEh-beeh-leh). Mi piace *ogni tipo* di programma: i programmi a puntate, il telegiornale, i documentari, i talk show, la cronaca, gli spettacoli, e anche gli spot pubblicitari.

Ma il mio programma preferito è ogni tipo di telefilm. *Anzi*, amo il *cinema* in generale! Mi piacerebbe vedere i *film* di tutte le *culture*, anche se questo non è possibile. Vorresti venire con me a vedere un nuovo film? *Sarebbe una cosa bellissima!*

Mi piacciono tante altre cose, per esempio, la *musica*, il *teatro*, ecc. Ma il cinema è *speciale* per me. Quando vado al cinema, sono in *paradiso! Non importa se* sono *vicino* o *lontano* dallo *schermo! Basta* essere lì!

Stasera, *però*, vorrei guardare un documentario sulla *vita* di Federico Fellini. Sapete chi è?

Vocabolario

televisione	*television*
possibile	*possible*
ogni tipo	*every type*
Anzi	*As a matter of fact*
cinema	*cinema (movies)*
film	*movies*
culture	*cultures*

Federico
Fellini

Sarebbe una cosa bellissima	*It would be a very nice thing!*
musica	*music*
teatro	*theater*
speciale	*special*
paradiso	*paradise*
Non importa	*It doesn't matter*
se	*if*
vicino	*near*
lontano	*far*
schermo	*screen*
Basta	*It is enough*
però	*however*
vita	*life*
più tardi	*later on*
capitolo	*chapter*

BRAIN TICKLERS
Set # 52

A. Let's see how much you have learned. Each statement describes what a program is about. Identify the type of program.

Attenzione!

il ballo / *dance*	imparare / *to learn*
interessante / *interesting*	piuttosto / *rather*
l'annuncio / *announcement*	succedere / *to happen*
il mondo / *world*	l'episodio / *episode*

1. In questo tipo di programma le persone parlano e parlano.
2. In questo tipo di programma c'è musica e ballo.
3. In questo tipo di programma si può sapere come vanno le cose *(one can find out how things are going)*.
4. In questo tipo di programma si può imparare qualcosa interessante.

5. In questo tipo di programma si può vedere un bel film.

6. In questo tipo di programma si può sapere che cosa sta succedendo nel mondo.

7. In questo tipo di programma ci sono molti episodi.

8. Non è un programma, ma piuttosto un tipo di annuncio pubblicitario.

B. Now, let's see how much you remember of Stefano's note to you. Answer each question with a complete sentence.

1. Che cosa ama Stefano?

2. Che cosa vorrebbe guardare *(would he like to watch)* tutta la giornata, anche se non è possibile?

3. Quale tipo di programma gli piace *(does he like)*?

4. Qual è il suo programma preferito?

5. Che cosa gli piacerebbe vedere *(would he like to see)*, anche se questo non è possibile?

6. Che cos'altro gli piace?

7. Che cosa è speciale per lui?

8. Dov'è quando va al cinema?

9. Importa *(does it matter)* se è vicino o lontano dallo schermo?

10. Che cosa vuole, però, guardare stasera?

LEARNING TIP!

Did you notice that il programma and il cinema both end in -a but are masculine, not feminine as you might expect? Well, il programma is similar to il problema (remember?). It is masculine and its plural form is i programmi. In fact, all nouns ending in -amma are like this. Another common one is: il diagramma / *diagram*.

Il cinema is really an abbreviation of il cinematografo. So, that's why it is the way it is. Get it? il cinematografo = il cinema(tografo) = il cinema

The plural form is i cinema (with no change). Why? Because it too is an abbreviation: i cinema(tografi) = i cinema. Another common noun that is similarly abbreviated and thus "behaves" in this odd way is la radio / *radio*.

C. Here is a really simple exercise. You are given a phrase, such as quel nuovo cinema (note, by the way, that cinema can also mean *movie theater*). Simply put the whole phrase into the plural. Easy, no?

1. quel nuovo cinema
2. quella bella radio
3. quel diagramma interessante
4. quel programma a puntate
5. quello spot pubblicitario
6. quel nuovo film
7. quel programma interessante

LEARNING TIP!

Indirect object pronouns

Did you notice on page 210 the pronoun gli in an expression such as Quale tipo di programma gli piace? By the way, it means *to him*. This is, actually, a new type of pronoun, called an *indirect object pronoun*. Don't worry too much about what that is. Simply note that it gives you the English forms *to me, to you,* and so on. Like all pronouns they go before the verb, as you know by now.

Actually *to me, to you (informal), to us,* and *to you (plural)* are mi, ti, ci, and vi respectively. Do you see that these are exactly the same as the direct object pronouns?

So, there really are only a few new pronouns to learn: gli, which means both *to him* and *to them,* le, which means *to her,* and Le, which means *to you (formal).* Confusing, but not bad. By the way, there is no agreement to speak of with the past participle in this case. Practice makes perfect!

D. Let's get some of that practice in. Answer each question in an appropriate and logical way. For example, if given Mi hai dato la tua penna ieri? / *Did you give your pen to me yesterday?* you would answer Sì, ti ho dato la mia penna ieri. / *Yes, I gave my pen to you yesterday.* If given Hai dato la penna a mio fratello ieri? / *Did you give the pen to my brother yesterday?* you would answer Sì, gli ho dato la penna ieri. / *Yes, I gave the pen to him yesterday.* In the latter case replace the phrase with the pronoun.

This is a difficult exercise and you will really have to pay attention to what is in your answer. For example, in English, if someone asks you *Did you give your pen to me*, you would answer *Yes, I gave my pen to you*. Notice the features of your answer. The same applies in Italian.

1. Tua sorella mi ha dato il suo zaino ieri?
2. Ti ho dato la mia matita ieri?
3. Signora Marchi, Le ho dato il mio numero di telefono?
4. Marco e Maria, ci avete dato il vostro numero di telefono?
5. Marco e Maria, vi ho dato il mio indirizzo *(address)*?
6. Hai dato il cellulare a mio fratello?
7. Hai dato la radio a mia sorella?
8. Hai dato quel diagramma agli studenti?

E. Now answer these questions directed at you. Use complete sentences for your answers.

1. Ti piacerebbe andare al cinema con una persona come Stefano?
2. Sai chi è Federico Fellini?
3. Ti piace guardare la televisione?
4. Quando la guardi?
5. Che tipo di programma preferisci? Perché?
6. Che tipo di programma non ti piace? Perché?
7. Ti piace andare al cinema? Perché?
8. Che tipo di film preferisci?
9. Stai vicino o lontano dallo schermo? Perché?

(Answers are on pages 226 and 227.)

UN PO' DI GRAMMATICA!

The Conditional Tense

La vorrei guardare / I would like to watch it

You must have noticed strange new verb forms above such as la vorrei guardare / *I would like to watch it*. What are we dealing with here? Well, it's called the *conditional*. It allows you to express (what else?) conditions: *I would go to the movies tonight, but I don't have money* which, in Italian is, Andrei al cinema stasera, ma non ho soldi.

Actually, you already know most of what has to be known to form the conditional. Why? Because it is similar to the future. Only the endings are different. That's all there is to it.

So, let's take parlare, vendere, and finire as our exemplary verbs, as we did to discuss the future. What did we do next? Well, we dropped the final -e, changing the -a of parlare at the same time to -e: parler-, vender-, and finir-. Now, instead of the future endings, add on the following and you get the conditional.

(io) parler*ei*	*I would speak, I would be speaking*
(tu) parler*esti*	*you would speak, you would be speaking (informal)*
(Lei) parler*ebbe*	*you would speak, you would be speaking (formal)*
(lui) parler*ebbe*	*he would speak, he would be speaking*
(lei) parler*ebbe*	*she would speak, she would be speaking*
(noi) parler*emmo*	*we would speak, we would be speaking*
(voi) parler*este*	*you would speak, you would be speaking (plural)*
(loro) parler*ebbero*	*they would speak, they would be speaking*

213

(io) vender*ei*	*I would sell, I would be selling*
(tu) vender*esti*	*you would sell, you would be selling (informal)*
(Lei) vender*ebbe*	*you would sell, you would be selling (formal)*
(lui) vender*ebbe*	*he would sell, he would be selling*
(lei) vender*ebbe*	*she would sell, she would be selling*
(noi) vender*emmo*	*we would sell, we would be selling*
(voi) vender*este*	*you would sell, you would be selling (plural)*
(loro) vender*ebbero*	*they would sell, they would be selling*
(io) finir*ei*	*I would finish, I would be finishing*
(tu) finir*esti*	*you would finish, you would be finishing (informal)*
(Lei) finir*ebbe*	*you would finish, you would be finishing (formal)*
(lui) finir*ebbe*	*he would finish, he would be finishing*
(lei) finir*ebbe*	*she would finish, she would be finishing*
(noi) finir*emmo*	*we would finish, we would be finishing*
(voi) finir*este*	*you would finish, you would be finishing (plural)*
(loro) finir*ebbero*	*they would finish, they would be finishing*

Also, remember what we did in the case of verbs ending in -care and -gare? We added an "h" to retain the hard sound. So, for cercare / *to search* and pagare / *to pay*, we changed the -a to -e but added "h": cercher-, pagher-. Everything else remains the same in this case too: (io) cercherei / *I would search*, (tu) cercheresti / *you would search*, and so on.

And what about verbs ending in -ciare and -giare? We made sure not to write the "i", which is not necessary of course. So, for cominciare / *to begin* and mangiare / *to eat* we changed the -a to -e but eliminated the "i": comincer-, manger-. Everything else remains the same in this case too: (io) comincerei / *I would search*, (tu) cominceresti / *you would search*, and so on.

BRAIN TICKLERS
Set # 53

OK, let's practice our verbs. In the exercise you are given a subject (io, tu, suo fratello, etc.). Then you are given four phrases: (a) requires the verb cominciare in the conditional, (b) the verb pagare in the same tense, (c) the verb vendere in the same tense, and (d) the verb partire in the same tense. Put the two parts together to make complete statements. Don't forget to make each verb agree with the subject. Also, make any changes to the parts of the sentence that make sense.

Attenzione!

prossimo (prOh-sseh-moh) / *next (week, year)*:
l'anno prossimo / *next year*   la settimana prossima / *next week*

vendere (vEhn-deh-reh) / *to sell*   abbastanza / *enough*
vecchio / *old*   purtroppo / *unfortunately*

---

1. io...
   (a) a studiare l'italiano l'anno prossimo, perché mi piacerebbe andare in Italia
   (b) sempre tutto per la mia famiglia, ma purtroppo non ho abbastanza soldi
   (c) la mia radio, ma nessuno la vuole *(but no one wants it)*
   (d) per l'Italia subito *(right away)*, ma purtroppo non ho abbastanza soldi

2. anche tu...
   (a) a studiare l'italiano l'anno prossimo, perché ti piacerebbe andare in Italia
   (b) sempre tutto per la mia famiglia, ma purtroppo non hai abbastanza soldi
   (c) la tua radio, ma nessuno la vuole
   (d) per l'Italia subito, ma purtroppo non hai abbastanza soldi

3. anche suo fratello...
   (a) a studiare l'italiano l'anno prossimo, perché gli piacerebbe andare in Italia
   (b) sempre tutto per la sua famiglia, ma purtroppo non ha abbastanza soldi
   (c) la sua radio, ma nessuno la vuole
   (d) per l'Italia subito, ma purtroppo non ha abbastanza soldi

4. anche noi...
   (a) a studiare l'italiano l'anno prossimo, perché ci piacerebbe andare in Italia
   (b) sempre tutto per la nostra famiglia, ma purtroppo non abbiamo abbastanza soldi
   (c) la nostra radio, ma nessuno la vuole
   (d) per l'Italia subito, ma purtroppo non abbiamo abbastanza soldi

5. anche voi...
   (a) a studiare l'italiano l'anno prossimo, perché vi piacerebbe andare in Italia
   (b) sempre tutto per la vostra famiglia, ma purtroppo non avete abbastanza soldi
   (c) la vostra radio, ma nessuno la vuole
   (d) per l'Italia subito, ma purtroppo non avete abbastanza soldi

6. anche loro...
   (a) a studiare l'italiano l'anno prossimo, perché gli piacerebbe andare in Italia
   (b) sempre tutto per la loro famiglia, ma purtroppo non hanno abbastanza soldi
   (c) la loro radio, ma nessuno la vuole
   (d) per l'Italia subito, ma purtroppo non hanno abbastanza soldi

(Answers are on pages 227 and 228.)

More good news! You do not have to make any special effort to learn irregular verbs in the conditional. The same ones that were irregular in the future are similarly irregular in the conditional. The difference? The endings, of course.

Remember what happened with **andare** / *to go*? We dropped both vowels of the ending: **andr-**. Now, simply add on the usual conditional endings: **(io) andrei, (tu) andresti**, and so on. Remember the other verbs conjugated in this way? They are:

> **avere** / *to have*
> **dovere** / *to have to*
> **potere** / *to be able to*
> **sapere** / *to know*
> **vedere** / *to see*
> **vivere** / *to live*

The other verbs we dealt with were irregular, period! The same ones are irregular in the conditional. The only difference is, again, the endings. So, remember the form **(io) berrò** / *I will drink*? Well, just replace its future ending with the corresponding conditional one: **(io) berrei** / *I would drink*. In addition to **bere**, below are the other irregular verbs.

dare / *to give*:	**(io) darei, (tu) daresti, …**
fare / *to do*:	**(io) farei, (tu) faresti, …**
essere / *to be*:	**(io) sarei, (tu) saresti, …**
venire / *to come*:	**(io) verrei, (tu) verresti, …**
volere / *to want*:	**(io) vorrei, (tu) vorresti, …**

BRAIN TICKLERS
Set # 54

As in the previous exercise you are given a subject (io, tu, suo fratello, etc.). Then you are given five phrases: (a) requires the verb volere in the conditional, (b) the verb venire in the same tense, (c) the verb essere in the same tense, (d) the verb dovere in the same tense, (e) the verb avere in the same tense. Put the two parts together to make complete statements. Don't forget to make each verb agree with the subject. Also, make any changes to the parts of the sentence that make sense.

1. io...
   (a) comprare una nuova radio, ma non ho soldi
   (b) alla festa, ma non ho tempo
   (c) felice di andare in Italia, ma non ho tempo
   (d) fare i compiti, ma preferisco guardare la televisione
   (e) molto da fare *(much to do)*, ma preferisco andare al cinema

2. anche tu...
   (a) comprare una nuova radio, ma non hai soldi
   (b) alla festa, ma non hai tempo
   (c) felice di andare in Italia, ma non hai tempo
   (d) fare i compiti, ma preferisci guardare la televisione
   (e) molto da fare, ma preferisci andare al cinema

3. anche suo fratello...
   (a) comprare una nuova radio, ma non ha soldi
   (b) alla festa, ma non ha tempo
   (c) felice di andare in Italia, ma non ha tempo
   (d) fare i compiti, ma preferisce guardare la televisione
   (e) molto da fare, ma preferisce andare al cinema

4. anche noi…
   (a) comprare una nuova radio, ma non abbiamo soldi
   (b) alla festa, ma non abbiamo tempo
   (c) felici di andare in Italia, ma non abbiamo tempo
   (d) fare i compiti, ma preferiamo guardare la televisione
   (e) molto da fare, ma preferiamo andare al cinema

5. anche voi…
   (a) comprare una nuova radio, ma non avete soldi
   (b) alla festa, ma non avete tempo
   (c) felici di andare in Italia, ma non avete tempo
   (d) fare i compiti, ma preferite guardare la televisione
   (e) molto da fare, ma preferite andare al cinema

6. anche loro…
   (a) comprare una nuova radio, ma non hanno soldi
   (b) alla festa, ma non hanno tempo
   (c) felici di andare in Italia, ma non hanno tempo
   (d) fare i compiti, ma preferiscono guardare la televisione
   (e) molto da fare, ma preferiscono andare al cinema

(Answers are on pages 228 and 229.)

Piacere / To Like

Piacere ancora una volta / To Like Again

Well, it's time to get back to that pesky verb **piacere**. Remember that it really means *to be pleasing to*. So, now that you know the other indirect object pronouns, in addition to **mi** and **ti**, you can use the verb in many more ways.

I like…

Mi piace la carne. / *I like meat.*
["The meat is pleasing to me"]
Mi piacciono le pesche. / *I like peaches.*
["The peaches are pleasing to me"]

you like (informal)…

Ti piace la televisione. / *You like television.*
Ti piacciono i programmi a puntate. / *You like serials.*

you like (formal)…

Le piace la pasta. / *You like pasta.*
Le piacciono i film italiani. / *You like Italian films.*

he likes…

Gli piace la televisione. / *He likes television.*
Gli piacciono i documentari. / *He likes documentaries.*

she likes…

Le piace la torta. / *She likes the cake.*
Le piacciono le fragole. / *She likes strawberries.*

we like…

Ci piace la televisione. / *We like television.*
Ci piacciono i programmi a puntate. / *We like serials.*

you like (plural)…

Vi piace la pasta. / *You like pasta.*
Vi piacciono i film italiani. / *You like Italian films.*

they like…

Gli piace la torta. / *They like the cake.*
Gli piacciono le fragole. / *They like strawberries.*

By the way, the future and conditional forms of the verb are regular. So, how would you say *I would like to go to Italy?* Well, it is **Mi piacerebbe andare in Italia.** And how would you say *He would like the new pens?* Easy. It is **Gli piacerebbero le nuove penne.**

BRAIN TICKLERS
Set # 55

Here is a simple exercise. Change a sentence in the present into the conditional, and vice versa. So, if you are given Vi piace la minestra? / *Do you like soup?* you would say Vi piacerebbe la minestra? / *Would you like soup?* If given Gli piacerebbe andare in Italia. / *He would like to go to Italy*, you would say Gli piace andare in Italia.

1. Mi piacerebbe andare al cinema stasera.
2. Ti piacciono le fragole?
3. Gli piace la carne.
4. Le piace andare al cinema.
5. Ci piacerebbero gli spaghetti.
6. Vi piacciono le caramelle?
7. Gli piace uscire spesso.

(Answers are on page 229.)

In previous chapters, you have used phrases such as **A Maria piace andare al cinema**. / *Mary likes going to the movies.* Why is the "a" there? Because the real translation is *"To* Mary it is pleasing to go to the movies."

So, is there another way to say **Mi piace andare al cinema** / *I like going to the movies?* Yes, there is: **A me piace andare al cinema**. Basically:

    a me = mi
    a te = ti
    a lui = gli
    a lei = le
    a noi = ci
    a voi = vi
    a loro = gli

Here are a few examples.

> **Mi piacerebbe la pizza = A me piacerebbe la pizza. /**
> *I would like pizza.*
> **Ti piacciono le caramelle = A te piacciono le caramelle. /**
> *You like candies.*

And so on.

BRAIN TICKLERS
Set # 56

Rather than talk about it, let's practice. Simply indicate the equivalent of each sentence. If you are given A me piace la pizza / *I like pizza*, you would say Mi piace la pizza. If given Gli piacerebbero le caramelle / *He (or they) would like candies*, you would say A lui piacerebbero le caramelle / *He would like candies* or A loro piacerebbero le caramelle / *They would like candies*.

1. Mi piace guardare la televisione ogni sera.
2. Ti piacerebbe la torta?
3. A lui piacciono le fragole.
4. A lei piacciono i fagioli.
5. Ci piacerebbe molto la pasta.
6. A voi non piace la carne, non è vero?
7. A loro non piacerebbero le caramelle.

(Answers are on page 229.)

Finally, remember that **piacere** is conjugated with **essere** in the present perfect. This means agreement, as you know.

> **Mi è piaciuto** *quel film.* / *I liked that movie.*
> **Mi sono piaciuti** *gli spaghetti.* / *I liked the spaghetti.*

> **Gli è piaciuta** *la torta.* / *He liked the cake.*
> **Gli sono piaciute** *le fragole.* / *He liked the strawberries.*

BRAIN TICKLERS
Set # 57

Say that the indicated person or persons liked something (as shown). For example, if given la torta/a me you would say Mi è piaciuta la torta. / *I liked the cake.* If given gli spaghetti/a lei you would say Le sono piaciuti gli spaghetti. / *She liked the spaghetti.* Get it?

1. la carne/a me
2. il riso/a te
3. le patate/a lui
4. gli spaghetti/a lei
5. la pasta/a noi
6. le caramelle/a voi
7. i ravioli/a loro

(Answers are on page 230.)

ESPRESSIONI

Con Me **and** Per Te

By the way, the pronouns you have just learned are used after any preposition, as you may have noticed in Stefano's note to you:

> con me / *with me*
> per te / *for you*

They do come in handy, don't they?

-issimo / **Very**

Also, did you notice Stefano's use of **una cosa bellissima** / *a very beautiful thing*? All he did was take the adjective **bello**, take away the final vowel, and add **issimo**. Easy to do, isn't it?

So, if given **felice** / *happy* how would you say *very happy*? Drop the **-e** (**felic-**) and add **-issimo**. The result? It is **felicissimo**.

Don't forget to make the adjective always agree: **un ragazzo felicissimo** / *a very happy boy*, **una ragazza felicissima** / *a very happy girl*, and so on.

BRAIN TICKLERS
Set # 58

Answer each question using a "superlative" way of speaking. For example, if asked Marco è un ragazzo bravo? / *Is Marco a good boy?* you would answer Sì, Marco è un ragazzo bravissimo. / *Yes, Marco is a very good boy.*

Attenzione!

facile (fAh-cheeh-leh) / *easy*
difficile (deeh-fEEh-cheeh-leh) / *hard*

1. È un programma interessante?
2. Sono dei film nuovi?
3. È un problema difficile?
4. Sono dei problemi facili?
5. È una pizza buona?
6. Sono delle caramelle buone?

(Answers are on page 230.)

CULTURA E COMUNICAZIONE

You should know something about Italian television. It is written for you in Italian. You should be able to follow it. Have fun.

RAI Television

La RAI, sigla (*abbreviation*) di Radio Audizione Italiana, sta per (*stands for*) la radiotelevisione pubblica italiana. Nata (*born*) nel 1924 come URI (Unione radiofonica italiana), nel 1928 ha preso il nome di EIAR (Ente italiano audizioni radiofoniche) e nel 1944 il nome di RAI. Nel 1975 la RAI ha creato tre reti (*networks*)— RAI 1, RAI 2 e RAI 3.

Dai primi anni Ottanta (1980s) le televisioni private (*private*) sono diventate (*have become*) importanti. Oggi ci sono molti canali (*channels*) privati.

BRAIN TICKLERS
Set # 59

Now, answer each of the following questions with complete sentences.

1. Qual è la sigla per Radio Audizione Italiana?
2. Per che cosa sta?
3. Quando è nata la RAI?
4. Come si chiamava?
5. Quando ha preso il nome di RAI?
6. Quante reti ci sono?
7. Che cosa è diventato importante dai primi anni Ottanta?

(Answers are on page 230.)

BRAIN TICKLERS—THE ANSWERS

Set # 52, page 209

A.
1. il talk show
2. lo spettacolo
3. la cronaca
4. il documentario
5. il telefilm
6. il telegiornale
7. il programma a puntate
8. lo spot pubblicitario

B.
1. Stefano ama la televisione.
2. (Lui) vorrebbe guardare la televisione tutta la giornata, anche se non è possibile.
3. Gli piace ogni tipo di programma: i programmi a puntate, il telegiornale, i documentari, i talk show, la cronaca, gli spettacoli, e anche gli spot pubblicitari.
4. Il suo programma preferito è ogni tipo di telefilm.
5. Gli piacerebbe vedere i film di tutte le culture.
6. Gli piace la musica e il teatro, per esempio.
7. Il cinema è speciale per lui.
8. Quando va al cinema è in paradiso.
9. No, non importa se è vicino o lontano dallo schermo.

10. Stasera, però, vuole guardare un documentario sulla vita di Federico Fellini.

C.
1. quei nuovi cinema
2. quelle belle radio
3. quei diagrammi interessanti
4. quei programmi a puntate
5. quegli spot pubblicitari
6. quei nuovi film
7. quei programmi interessanti

D.
1. Sì, mia sorella ti ha dato il suo zaino ieri.
2. Sì, mi hai dato la tua matita ieri.
3. Sì, mi ha dato il Suo numero di telefono.
4. Sì, vi abbiamo dato il nostro numero di telefono.
5. Sì, ci hai dato il tuo indirizzo.
6. Sì, gli ho dato il cellulare.
7. Sì, le ho dato la radio.
8. Sì, gli ho dato quel diagramma.

E. [Answers will vary]
1. Sì, mi piacerebbe./No, non mi piacerebbe.
2. Sì, so chi è Federico Fellini./No, non so chi è Federico Fellini.

3. Sì, mi piace guardare la televisione./No, non mi piace guardare la televisione.
4. La guardo la sera/il sabato/…
5. Preferisco…perché…
6. Non mi piace/piacciono…perché…
7. Sì, mi piace andare al cinema./No, non mi piace andare al cinema, perché…
8. Preferisco i film di…
9. Sto vicino/lontano dallo schermo, perché…

Set # 53, page 215

1.
(a) Io comincerei a studiare l'italiano l'anno prossimo, perché mi piacerebbe andare in Italia.
(b) Io pagherei sempre tutto per la mia famiglia, ma purtroppo non ho abbastanza soldi.
(c) Io venderei la mia radio, ma nessuno la vuole.
(d) Io partirei per l'Italia subito, ma purtroppo non ho abbastanza soldi.

2.
(a) Anche tu cominceresti a studiare l'italiano l'anno prossimo, perché ti piacerebbe andare in Italia.
(b) Anche tu pagheresti sempre tutto per la mia famiglia, ma purtroppo non hai abbastanza soldi.
(c) Anche tu venderesti la tua radio, ma nessuno la vuole.
(d) Anche tu partiresti per l'Italia subito, ma purtroppo non hai abbastanza soldi.

3.
(a) Anche suo fratello comincerebbe a studiare l'italiano l'anno prossimo, perché gli piacerebbe andare in Italia.
(b) Anche suo fratello pagherebbe sempre tutto per la sua famiglia, ma purtroppo non ha abbastanza soldi.
(c) Anche suo fratello venderebbe la sua radio, ma nessuno la vuole.
(d) Anche suo fratello partirebbe per l'Italia subito, ma purtroppo non ha abbastanza soldi.

4.
(a) Anche noi cominceremmo a studiare l'italiano l'anno prossimo, perché ci piacerebbe andare in Italia.
(b) Anche noi pagheremmo sempre tutto per la nostra famiglia, ma purtroppo non abbiamo abbastanza soldi.
(c) Anche noi venderemmo la nostra radio, ma nessuno la vuole.
(d) Anche noi partiremmo per l'Italia subito, ma purtroppo non abbiamo abbastanza soldi.

5.

(a) Anche voi comincereste a studiare l'italiano l'anno prossimo, perché vi piacerebbe andare in Italia.

(b) Anche voi paghereste sempre tutto per la vostra famiglia, ma purtroppo non avete abbastanza soldi.

(c) Anche voi vendereste la vostra radio, ma nessuno la vuole.

(d) Anche voi partireste per l'Italia subito, ma purtroppo non avete abbastanza soldi.

6.

(a) Anche loro comincerebbero a studiare l'italiano l'anno prossimo, perché gli piacerebbe andare in Italia.

(b) Anche loro pagherebbero sempre tutto per la loro famiglia, ma purtroppo non hanno abbastanza soldi.

(c) Anche loro venderebbero la loro radio, ma nessuno la vuole.

(d) Anche loro partirebbero per l'Italia subito, ma purtroppo non hanno abbastanza soldi.

Set # 54, page 218

1.

(a) Io vorrei comprare una nuova radio, ma non ho soldi.

(b) Io verrei alla festa, ma non ho tempo.

(c) Io sarei felice di andare in Italia, ma non ho tempo.

(d) Io dovrei fare i compiti, ma preferisco guardare la televisione.

(e) Io avrei molto da fare, ma preferisco andare al cinema.

2.

(a) Anche tu vorresti comprare una nuova radio, ma non hai soldi.

(b) Anche tu verresti alla festa, ma non hai tempo.

(c) Anche tu saresti felice di andare in Italia, ma non hai tempo.

(d) Anche tu dovresti fare i compiti, ma preferisci guardare la televisione.

(e) Anche tu avresti molto da fare, ma preferisci andare al cinema.

3.

(a) Anche suo fratello vorrebbe comprare una nuova radio, ma non ha soldi.

(b) Anche suo fratello verrebbe alla festa, ma non ha tempo.

(c) Anche suo fratello sarebbe felice di andare in Italia, ma non ha tempo.

(d) Anche suo fratello dovrebbe fare i compiti, ma preferisce guardare la televisione.

(e) Anche suo fratello avrebbe molto da fare, ma preferisce andare al cinema.

4.

(a) Anche noi vorremmo comprare una nuova radio, ma non abbiamo soldi.

(b) Anche noi verremmo alla festa, ma non abbiamo tempo.

(c) Anche noi saremmo felici di andare in Italia, ma non abbiamo tempo.

(d) Anche noi dovremmo fare i compiti, ma preferiamo guardare la televisione.

(e) Anche noi avremmo molto da fare, ma preferiamo andare al cinema.

5.

(a) Anche voi vorreste comprare una nuova radio, ma non avete soldi.

(b) Anche voi verreste alla festa, ma non avete tempo.

(c) Anche voi sareste felici di andare in Italia, ma non avete tempo.

(d) Anche voi dovreste fare i compiti, ma preferite guardare la televisione.

(e) Anche voi avreste molto da fare, ma preferite andare al cinema.

6.

(a) Anche loro vorrebbero comprare una nuova radio, ma non hanno soldi.

(b) Anche loro verrebbero alla festa, ma non hanno tempo.

(c) Anche loro sarebbero felici di andare in Italia, ma non hanno tempo.

(d) Anche loro dovrebbero fare i compiti, ma preferiscono guardare la televisione.

(e) Anche loro avrebbero molto da fare, ma preferiscono andare al cinema.

Set # 55, page 221

1. Mi piace andare al cinema stasera.
2. Ti piacerebbero le fragole?
3. Gli piacerebbe la carne.
4. Le piacerebbe andare al cinema.
5. Ci piacciono gli spaghetti.
6. Vi piacerebbero le caramelle?
7. Gli piacerebbe uscire spesso.

Set # 56, page 222

1. A me piace guardare la televisione ogni sera.
2. A te piacerebbe la torta?
3. Gli piacciono le fragole.
4. Le piacciono i fagioli.
5. A noi piacerebbe molto la pasta.
6. Non vi piace la carne, non è vero?
7. Non gli piacerebbero le caramelle.

Set # 57, page 223

1. Mi è piaciuta la carne.
2. Ti è piaciuto il riso.
3. Gli sono piaciute le patate.
4. Le sono piaciuti gli spaghetti.
5. Ci è piaciuta la pasta.
6. Vi sono piaciute le caramelle.
7. Gli sono piaciuti i ravioli.

Set # 58, page 224

1. Sì, è un programma interessantissimo.
2. Sì, sono dei film nuovissimi.
3. Sì, è un problema difficilissimo.
4. Sì, sono dei problemi facilissimi.
5. Sì, è una pizza buonissima.
6. Sì, sono delle caramelle buonissime.

Set # 59, page 225

1. La sigla per Radio Audizione Italiana è RAI.
2. Sta per la radiotelevisione pubblica italiana.
3. La RAI è nata nel 1924.
4. Si chiamava Unione radiofonica italiana.
5. Ha preso il nome di RAI nel 1944.
6. Ci sono tre reti.
7. I canali privati sono diventati importanti dai primi anni Ottanta.

La mia macchina preferita!

My Favorite Car!

CARS AND DRIVING

Maria (remember her?) loves cars. Even when she was a child she would prefer to play with toy cars, rather than dolls. Read all about it below. But before you do, look at the list of useful vocabulary with which she has provided you. It will come in handy if you ever want to talk about cars in a serious way.

La macchina / The Car

lo sportello / *car door*	il sedile / *car seat*
il parabrezza / *windshield*	il paraurti / *bumper*
il faro / *headlight*	la ruota / *wheel*
il volante / *steering wheel*	il cambio / *gearshift*
il freno / *brake*	lo specchietto / *mirror*
il baule / *trunk*	il tergicristallo / *windshield wiper*

Mi piacciono tutte le macchine (mAh-kkeh-neh) e mi sono sempre piaciute! Anche quando ero bambina, sapevo tutto *sulle* automobili di ogni tipo e di ogni *modello*. La *parola* automobile è un *sinonimo* (seeh-nOh-neeh-moh) per macchina.

La mia *mamma* mi diceva sempre: «Maria, *gioca* con le *bambole* (bAhm-boh-leh); non giocare con le automobili!» Ma io non la *ascoltavo*. Io volevo giocare solo con le *macchinine*.

Mi piacciono molto le macchine americane, ma quelle italiane sono più belle nella mia *opinione*. La mia macchina preferita è la Maserati. È una macchina di *lusso*. *Cioè, costa* molto!

Mi piacciono anche le *biciclette* e le *motociclette*. Ho una bellissima bicicletta e la uso spesso per andare a scuola o in centro.

Ma *spero* un giorno di *poter guidare* una Maserati! Devo *lavorare* molto e *risparmiare* tanti soldi!

Vocabolario

sulle	*about*
modello	*model*
parola	*word*
sinonimo	*synonym*
mamma	*mother*
gioca	*play*

bambole	*dolls*
ascoltavo	*listened*
macchinine	*little cars*
opinione	*opinion*
lusso	*luxury*
Cioè	*That is to say*
costa	*it costs*
biciclette	*bicycles*
motociclette	*motorcycles*
spero	*I hope*
poter guidare	*to be able to drive*
lavorare	*to work*
risparmiare	*to save*

BRAIN TICKLERS
Set # 60

A. Can you name the car parts described by each of the following statements?

1. Si usa *(It is used)* per entrare nella macchina.
2. Pulisce *(it cleans)* il parabrezza.
3. Permettono *(they allow)* di vedere di notte.
4. Si usa per girare *(to turn)* la macchina.
5. Si usa per fermare *(to stop)* la macchina.
6. Contiene *(It contains)* la ruota di scorta *(spare)*.
7. Dove si può sedere nella macchina.
8. Protegge *(it protects)* contro gli urti *(against bumps)*.
9. Permettono alla macchina di andare avanti *(forward)* e indietro *(back)*.
10. Si usa per cambiare *(to change)* la marcia *(gear)*.
11. Permette di vedere fuori *(outside)* della macchina.

B. Now, let's see how much of Maria's note you remember. Answer each question with a complete sentence.

1. Che cosa è sempre piaciuto a Maria?
2. Che cosa sapeva quando era bambina?
3. Quali parole sono sinonimi?
4. Che cosa le diceva sempre la mamma?
5. La ascoltava?
6. Con che cosa voleva giocare?
7. Secondo Maria *(according to Maria)*, quali macchine sono più belle di quelle americane?
8. Qual è la sua macchina preferita?
9. Che tipo di macchina è?
10. Che cos'altro le piace?
11. Che cosa ha?
12. Per che cosa la usa?

1932 Alfa Romeo

234

C. Now, compare the following people and things. For example, if given Maria è alta. E Paolo? / *Mary is tall. And Paolo?* you would answer Paolo è più alto. / *Paolo is taller.* If given a negative statement, such as La nostra macchina non è popolare. E la loro macchina? / *Our car is not popular. And theirs?* you would answer La loro macchina è ancora meno popolare. / *Their car is even less popular.* Got it? Make sure that your answers are logical by taking care to make all necessary changes.

1. Claudia è simpatica. E la tua amica?
2. Mio fratello è intelligente. E i tuoi cugini?
3. Quei ragazzi sono forti. E quelle ragazze?
4. Quelle macchine sono spaziose. E queste macchine?
5. Loro sono molto stanchi. E la tua mamma?
6. Quell'insegnante non è popolare. E quell'altro insegnante?
7. Quell'automobile non è bella. E questa?

Attenzione!

Note these forms.

più buono / *"more good"*	=	migliore / *better*
più cattivo / *"more bad"*	=	peggiore / *worse*

Continue...

8. Questi spaghetti sono buoni. E quei ravioli?
9. Quella pasta è buona. E quel riso?
10. Questa bibita è cattiva. E quella bibita?
11. Questi fagioli sono cattivi. E quelle patate?
12. Questo ragazzo è bravo *(also means good)*. E quella ragazza?

LEARNING TIP!

How would you say that you have more or less of some trait *than* someone else? Simple, just use di (contracted if necessary):

Marco è più intelligente *di* Pasquale. */ Marco is more intelligent than Pasquale.*

Mia sorella è più felice *della* sua amica. */ My sister is happier than her friend.*

What if you are comparing a couple of attributes related to the same person or thing? Then use che. Confused? Just study the examples below.

Marco è più intelligente che forte. */ Marco is more intelligent than he is strong.*

Mia sorella è più felice che triste. */ My sister is happier than she is sad.*

See the difference?

D. Choose the appropriate form.

1. Sara è più intelligente ... suo fratello.
   (a) di
   (b) che

2. La nostra macchina è più nuova ... vostra macchina.
   (a) della
   (b) che

3. Maria è più debole ... forte.
   (a) di
   (b) che

4. Quella macchina è più popolare ... bella.
   (a) di
   (b) che

5. I vostri parenti sono più simpatici … nostri parenti.
   (a) dei
   (b) che

6. La nostra amica è meno felice … vostra amica.
   (a) della
   (b) che

E. Now, let's find out about you and cars. Answer the following
   questions with complete sentences.

   1. Ti piacciono le macchine?
   2. Qual è la tua macchina preferita? Perché?
   3. Quando eri bambino (-a) con che cosa giocavi?
   4. Hai una bicicletta? Quando la usi?
   5. Chi guida nella tua famiglia?
   6. Che macchina avete in famiglia?
   7. Tu lavori? Dove?
   8. Riesci a (are you able to) risparmiare soldi?

(Answers are on pages 248 and 249.)

UN PO' DI GRAMMATICA!

L'imperativo / The Imperative

Maria, gioca con le bambole! / Maria, play with dolls!

Remember what Maria's mom used to tell her? Gioca con le
bambole! / *Play with dolls!* That was quite a command, wasn't it
(even though she paid no attention to it)? Did you notice the form
of the verb? It is in the *imperative*. This is the form that allows
you to issue commands, order people around, and the like.

How do we form it in Italian? Well, first notice that there is no
io form: How can *I* order *I* around? Let's not get into that. Let's
deal first with informal commands. That means tu and voi forms.

All we do is drop the **-are**, **-ere**, and **-ire** endings of verbs such as **ascoltare** / *to listen to*, **scrivere** / *to write*, **dormire** / *to sleep*, and **finire** / *to finish* and replace them with the following endings. Notice that, as in the present indicative, verbs like **finire** require **-isc** with **tu**. Nothing new here. You already know which verbs these are.

Tu-form	Voi-form
ascol*ta*	ascol*tate*
scriv*i*	scriv*ete*
dorm*i*	dorm*ite*
fin*isci*	fin*ite*

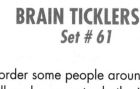

BRAIN TICKLERS
Set # 61

OK, let's order some people around. Are you ready? Tell each person to do the indicated things. For example, if required to tell Maria to listen to the radio, you would say Maria, ascolta la radio! / *Maria, listen to the radio!*

1. Tell Maria to...
   (a) listen to the radio
   (b) write an e-mail to her aunt
   (c) sleep more (di più) on Saturdays
   (d) finish all the soup (minestra)

2. Tell Paolo to...
   (a) speak Italian
   (b) read that book
   (c) leave tomorrow, not next week
   (d) finish the spaghetti

3. Tell Claudia and Giovanni to...
   (a) listen to the radio
   (b) write an e-mail to their aunt
   (c) sleep more on Saturdays
   (d) finish all the soup

4. Tell Pina and Stefano to...
   (a) speak Italian
   (b) read that book
   (c) leave tomorrow, not next week
   (d) finish the spaghetti

Remember those pesky verbs that end in -ciare, -giare, -care, and -gare? Well, you will have to treat them in the same way you did in the present indicative. So, this means retaining the "i" to indicate a soft sound or adding an "h" to indicate a hard sound. Remember? However, in this case, we do not have to worry about the hard sound. Let's take cominciare / *to begin*, mangiare / *to eat*, cercare / *to look for*, and pagare / *to pay* as examples.

Tu-forms	Voi-forms
comincia	cominciate
mangia	mangiate
cerca	cercate
paga	pagate

Continue...

5. Tell Marco to...
   (a) begin his homework
   (b) eat the beans
   (c) look for his cell phone
   (d) pay (for) the coffee

6. Tell Claudia and Pina to...
   (a) begin their homework
   (b) eat the beans
   (c) look for their cell phones
   (d) pay (for) the coffee

Now, what about the negative forms? Well, no problem with the **voi** forms. Simply put **non** before the verb: **Marco e Maria, non mangiate le caramelle!** / *Marco and Maria, don't eat the candies!*

But, the **tu** forms are a bit strange. They become the infinitive! Can you believe it? So, how would you say *Maria, don't eat the candy?* You would say: **Maria, non mangiare la caramella!**

OK, continue...

7. Tell Maria not to...
   (a) listen to the radio
   (b) write an e-mail to her aunt
   (c) sleep more on Saturdays
   (d) finish all the soup

8. Tell Claudia and Pina not to...
   (a) begin their homework
   (b) eat the beans
   (c) look for their cell phones
   (d) pay (for) the coffee

Now, what about formal forms? Remember those? Well, in this case we have to worry only about **Lei** forms. You will have to learn the plural forms in the future. And, in any case, you can also use **voi** forms in formal speech and get away with it.

Here are the **Lei** forms of the imperative for **ascoltare, cominciare, mangiare, cercare, pagare, scrivere, dormire,** and **finire**. In this case, you will have to worry about not doubling the "i" for verbs ending in -**ciare** and -**giare**, and adding "h" to verbs ending in -**care** and -**gare** to indicate the hard sound.

Lei-forms

ascolt*i*
cominc*i*
mang*i*
cerch*i*
pagh*i*

scriv*a*
dorm*a*
fin*isca*

In this case, you do not have to worry about making any changes in the negative: **Signor Verdi, non mangi quella mela!** / *Mr. Verdi, don't eat that apple!*

Continue...

9. Tell Mrs. Rossini to...
    (a) speak Italian
    (b) begin eating (a mangiare)
    (c) search for her cell phone
    (d) write an e-mail
    (e) finish all the cake

10. Tell Mr. Verdi not to...
    (a) listen to the radio
    (b) eat the meat
    (c) pay (for) the coffee
    (d) read that book
    (e) finish the pasta

OK, what about irregular verbs? Can we ever get away from them? Probably not. The verbs that are irregular in the present indicative are also irregular in the imperative. Below are the ones you know about. Let's start with **andare** / *to go,* **avere** / *to have,* **bere** / *to drink,* **dare** / *to give,* **dire** / *to tell, say,* and **essere** / *to be.*

Tu-forms	Lei-forms	Voi-forms
va'	vada	andate
abbi	abbia	abbiate
bevi	beva	bevete
da'	dia	date
di'	dica	dite
sii	sia	siate

241

Continue…

11. Tell Maria to…
    (a) go home (a casa)
    (b) have patience (pazienza)
    (c) drink the milk
    (d) give the pen to the teacher
    (e) tell the truth
    (f) be nice (brava)

12. Tell Mrs. Rossini to…
    (a) go home
    (b) have patience
    (c) drink the milk
    (d) give the pen to the teacher
    (e) tell the truth
    (f) be nice

13. Tell Claudia and Pina to…
    (a) go home
    (b) have patience
    (c) drink the milk
    (d) give the pen to the teacher
    (e) tell the truth
    (f) be nice

And to finish, here are the imperative forms of **fare** / *to do, make,* **sapere** / *to know,* **stare** / *to stay, be,* **uscire** / *to go out,* and **venire** / *to come.*

Tu-forms	Lei-forms	Voi-forms
fa'	faccia	fate
sappi	sappia	sappiate
sta'	stia	stiate
esci	esca	uscite
vieni	venga	venite

Continue...

14. Tell Marco to...
    (a) do something
    (b) know that Maria is right (ha ragione)
    (c) stay calm (calmo)
    (d) go out tonight
    (e) come to the party

15. Tell Mr. Verdi to...
    (a) do something
    (b) know that Maria is right
    (c) stay calm
    (d) go out tonight
    (e) come to the party

16. Tell Claudia and Pina to...
    (a) do something
    (b) know that Maria is right
    (c) stay calm
    (d) go out tonight
    (e) come to the party

(Answers are on pages 249–251.)

By the way, don't forget to use the infinitive in the negative when tu-forms are required. So, *Marco, don't say anything* is translated as **Marco, non dire niente!**

L'imperativo con i pronomi / The Imperative with Pronouns

There is one more thing to learn about the imperative. Have patience! Remember those pesky object pronouns: **mi, ti,** and so on? As you know, they usually come before the verb. And this is the case when the imperative is in the **Lei**-form. So, for example, if you order Mr. Verdi to eat it (**la**) all, referring to the **pasta**, you would say **Signor Verdi, la mangi!**

BRAIN TICKLERS
Set # 62

No problem, right? So, let's practice a little bit. You will be given a verb and a phrase such as chiamare/la donna. Put the verb into the Lei-form of the imperative (chiami) and replace the phrase with an appropriate direct object pronoun, which in this case is la. The result is: La chiami! / *Call her!*

Now, be careful! If the phrase starts with a (in contracted form as well), then the replacement involves indirect object pronouns (*to me, to her,* etc.). Review these if you have forgotten them. So, if given parlare/all'insegnante you would say Gli parli! / *Speak to him!*

So, order Mr. Verdi to do the following things...

1. mangiare/la pasta
2. parlare/al professore
3. dire/la verità
4. fare/i compiti
5. scrivere/alla zia
6. finire/il riso

With tu forms, however, you must attach the pronoun. Yes, you read me correctly! Attach it. So, *Call her* would be Chiamala and *Speak to him* would be Parlagli.

OK, order Maria, to do these things...

7. mangiare/la pasta
8. parlare/alla professoressa
9. ascoltare/la radio
10. finire/i compiti
11. scrivere/alla zia
12. finire/il riso

You must also attach them to voi forms. So, now order Claudia and Pina to…

13. mangiare/la pasta
14. parlare/alla professoressa
15. ascoltare/la radio
16. finire/i compiti
17. scrivere/alla zia
18. finire/il riso

(Answers are on page 251.)

ESPRESSIONI

Expressions Associated with Driving

Well, now that you know all about cars, it is time to learn some useful expressions related to driving, don't you think? These will come in handy when being driven around Italy (wouldn't that be nice?).

aspettare / *to wait for*
l'autostrada / *highway*
avanti / *forward, ahead*
la benzina / *gas*
fare il pieno / *to fill up with gas*
indietro / *back*
il semaforo (seh-mAh-foh-roh) / *traffic lights*
senza / *without*
la strada / *the road*
veloce / *fast*

BRAIN TICKLERS
Set # 63

OK, let's see how many of these concepts you have learned. Answer each question logically.

1. Che cosa bisogna fare quando il semaforo è rosso?
2. Come si chiama la strada dove si può guidare (drive) veloce?
3. Che cos'è il contrario (opposite) di avanti?
4. Che cosa bisogna fare quando la macchina è senza benzina?

(Answers are on page 251.)

CULTURA E COMUNICAZIONE

Traffic Signs

One thing that you will certainly have to know how to refer to in Italy is i segnali stradali / *road signs*. Driving, or guidare, without such things would be chaos! Here are a few for you to learn.

> fermata / *stop*
> divieto di sosta / *no stopping (parking)*
> parcheggio / *parking, parking lot* (il parchimetro / *parking meter*)
> divieto d'accesso / *no entry*
> senso unico / *one way*
> svolta a sinistra / *left turn (allowed)*
> svolta a destra / *right turn (allowed)*
> passaggio pedonale / *crosswalk*

Also, here are a few other concepts you will need to communicate if you are ever in Italy.

> **a destra** / *to the right*
> **a sinistra** / *to the left*
> **lentamente** / *slowly*

BRAIN TICKLERS
Set # 64

A. Now, here's a simple, yet important, exercise. Give the Italian expression for each sign.

1.   2.   3.

4.   5.   6.

7.   8.

B. Using the verbs guidare / *to drive* and girare / *to turn*, tell the following people to do the indicated things. For example, if you are told to tell your aunt to turn right, you would say Zia, gira a destra! OK?

Tell your aunt...

1. to turn left
2. to drive slowly

3. to turn right at the stop sign
4. not to drive on the highway

This time, tell Mr. Marchi...

5. to turn left
6. to drive slowly

7. to turn right at the stop sign
8. not to drive on the highway

(Answers are on page 251.)

BRAIN TICKLERS—THE ANSWERS

Set # 60, page 233

A.
1. lo sportello
2. il tergicristallo
3. i fari
4. il volante
5. il freno
6. il baule
7. il sedile
8. il paraurti
9. le ruote
10. il cambio
11. lo specchietto

B.
1. A Maria sono sempre piaciute le macchine.
2. Quando era bambina, sapeva tutto sulle automobili di ogni tipo e di ogni modello.
3. La macchina e l'automobile sono sinonimi./Le parole macchina e automobile sono sinonimi.
4. La mamma le diceva sempre: «Maria, gioca con le bambole; non giocare con le automobili!»
5. No, non la ascoltava.
6. Voleva giocare sempre con le machinine.
7. Secondo Maria, le macchine italiane sono più belle delle macchine americane.
8. La sua macchina preferita è la Maserati.

9. È una macchina di lusso.
10. Le piacciono anche le biciclette e le motociclette.
11. Ha una bellissima bicicletta.
12. La usa spesso per andare a scuola o in centro.

C.
1. La mia amica è più simpatica.
2. I miei cugini sono più intelligenti.
3. Quelle ragazze sono più forti.
4. Queste macchine sono più spaziose.
5. La mia mamma è più stanca.
6. Quell'altro insegnante è ancora meno popolare.
7. Quest'automobile è ancora meno bella.
8. Quei ravioli sono più buoni/migliori.
9. Quel riso è più buono/migliore.
10. Quella bibita è più cattiva/peggiore.
11. Quelle patate sono più cattive/peggiori.
12. Quella ragazza è più brava/migliore.

D.
1. (a)
2. (a)
3. (b)
4. (b)

5. (a)
6. (a)

E. [Answers will vary]
 1. Sì, mi piacciono le macchine./No, non mi piacciono le macchine.
 2. La mia macchina preferita è…, perché…
 3. Quando ero bambino (-a) giocavo con…
 4. Sì, ho una bicicletta./No, non ho una bicicletta. La uso per…
 5. Mio padre/Mia madre/… guida nella mia famiglia.
 6. Abbiamo una Ford/una Chrysler/…
 7. Sì, lavoro./No, non lavoro. Lavoro in…
 8. Sì, riesco a risparmiare soldi./No, non riesco a risparmiare soldi.

Set # 61, page 238
1.
(a) Maria, ascolta la radio!
(b) Maria, scrivi un'email alla zia (a tua zia)!
(c) Maria, dormi di più il sabato!
(d) Maria, finisci tutta la minestra!

2.
(a) Paolo, parla italiano!
(b) Paolo, leggi quel libro!
(c) Paolo, parti domani, non la settimana prossima!
(d) Paolo, finisci gli spaghetti!

3.
(a) Claudia e Giovanni, ascoltate la radio!
(b) Claudia e Giovanni, scrivete un'email alla zia (a vostra zia)!
(c) Claudia e Giovanni, dormite di più il sabato!
(d) Claudia e Giovanni, finite tutta la minestra!

4.
(a) Pina e Stefano, parlate italiano!
(b) Pina e Stefano, leggete quel libro!
(c) Pina e Stefano, partite domani, non la settimana prossima!
(d) Pina e Stefano, finite gli spaghetti!

5.
(a) Marco, comincia i tuoi compiti!
(b) Marco, mangia i fagioli!
(c) Marco, cerca il tuo cellulare!
(d) Marco, paga il caffè!

6.
(a) Claudia e Pina, cominciate i vostri compiti!
(b) Claudia e Pina, mangiate i fagioli!
(c) Claudia e Pina, cercate i vostri cellulari!
(d) Claudia e Pina, pagate il caffè!

7.
(a) Maria, non ascoltare la radio!

(b) Maria, non scrivere un'email alla zia (a tua zia)!

(c) Maria, non dormire di più il sabato!

(d) Maria, non finire tutta la minestra!

8.

(a) Claudia e Pina, non cominciate i vostri compiti!

(b) Claudia e Pina, non mangiate i fagioli!

(c) Claudia e Pina, non cercate i vostri cellulari!

(d) Claudia e Pina, non pagate il caffè!

9.

(a) Signora Rossini, parli italiano!

(b) Signora Rossini, cominci a mangiare!

(c) Signora Rossini, cerchi il Suo cellulare!

(d) Signora Rossini, scriva un'email!

(e) Signora Rossini, finisca tutta la torta!

10.

(a) Signor Verdi, non ascolti la radio!

(b) Signor Verdi, non mangi la carne!

(c) Signor Verdi, non paghi il caffè!

(d) Signor Verdi, non legga quel libro!

(e) Signor Verdi, non finisca la pasta!

11.

(a) Maria, va' a casa!

(b) Maria, abbi pazienza!

(c) Maria, bevi il latte!

(d) Maria, da' la penna all'insegnante!

(e) Maria, di' la verità!

(f) Maria, sii brava!

12.

(a) Signora Rossini, vada a casa!

(b) Signora Rossini, abbia pazienza!

(c) Signora Rossini, beva il latte!

(d) Signora Rossini, dia la penna all'insegnante!

(e) Signora Rossini, dica la verità!

(f) Signora Rossini, sia brava!

13.

(a) Claudia e Pina, andate a casa!

(b) Claudia e Pina, abbiate pazienza!

(c) Claudia e Pina, bevete il latte!

(d) Claudia e Pina, date la penna all'insegnante!

(e) Claudia e Pina, dite la verità!

(f) Claudia e Pina, siate brave!

14.

(a) Marco, fa' qualcosa!

(b) Marco, sappi che Maria ha ragione!

(c) Marco, sta' calmo!

(d) Marco, esci stasera!

(e) Marco, vieni alla festa!

15.
(a) Signor Verdi, faccia qualcosa!
(b) Signor Verdi, sappia che Maria ha ragione!
(c) Signor Verdi, stia calmo!
(d) Signor Verdi, esca stasera!
(e) Signor Verdi, venga alla festa!

16.
(a) Claudia e Pina, fate qualcosa!
(b) Claudia e Pina, sappiate che Maria ha ragione!
(c) Claudia e Pina, state calme!
(d) Claudia e Pina, uscite stasera!
(e) Claudia e Pina, venite alla festa!

Set # 62, page 244

1. Signor Verdi, la mangi!
2. Signor Verdi, gli parli!
3. Signor Verdi, la dica!
4. Signor Verdi, li faccia!
5. Signor Verdi, le scriva!
6. Signor Verdi, lo finisca!
7. Maria, mangiala!
8. Maria, parlale!
9. Maria, ascoltala!
10. Maria, finiscili!
11. Maria, scrivile!
12. Maria, finiscilo!
13. Claudia e Pina, mangiatela!
14. Claudia e Pina, parlatele!
15. Claudia e Pina, ascoltatela!
16. Claudia e Pina, finiteli!
17. Claudia e Pina, scrivetele!
18. Claudia e Pina, finitelo!

Set # 63, page 246

1. Quando il semaforo è rosso bisogna aspettare.
2. La strada dove si può guidare veloce si chiama l'autostrada.
3. Il contrario di avanti è indietro.
4. Quando la macchina è senza benzina bisogna fare il pieno.

Set # 64, page 247

A.
1. fermata
2. senso unico
3. svolta a destra
4. svolta a sinistra
5. passaggio pedonale
6. parcheggio (parchimetro)
7. divieto d'accesso
8. divieto di sosta

B.
1. Zia, gira a sinistra.
2. Zia, guida lentamente.
3. Zia, gira a destra alla fermata.
4. Zia, non guidare sull'autostrada.
5. Signor Marchi, giri a sinistra.
6. Signor Marchi, guidi lentamente.
7. Signor Marchi, giri a destra alla fermata.
8. Signor Marchi, non guidi sull'autostrada.

Il mio sport preferito!

My Favorite Sport!

SPORTS

Before you come to the end of this course, Marco has decided to write you one more note. This time it is about his love of sports. He is going to start you off with a list of his favorite sports. He then wants to say good-bye.

Gli sport / Sports

il calcio / *soccer*
la corsa / *running, race*
il pattinaggio / *skating*
il ciclismo / *cycling*
la pallacanestro / *basketball*

il tennis / *tennis*
il nuoto / *swimming*
lo sci / *skiing*
la ginnastica / *gymnastics*
l'automobilismo / *car racing*

Mi piacciono tanti sport. *In particolare* mi piacciono le corse, il pattinaggio, il ciclismo, lo sci, l'automobilismo e la pallacanestro. Io sono molto sportivo. Gioco a tennis più *regolarmente* degli altri *membri* della mia famiglia e *faccio ginnastica* (jeeh-nAhs-teeh-kah) due volte alla settimana.

Il mio sport preferito è, *come lo è* per quasi tutti gli italiani, il calcio. È lo sport più giocato in tutto il mondo. Ogni quattro anni c'è una *gara internazionale* in cui *partecipano* (pahr-tEh-cheeh-pah-noh) tutte le *nazioni*.

E adesso *è arrivato*, purtroppo, il momento di *salutarci*. Ma prima, vorrei il vostro *indirizzo* email. *Va bene?* Sapete come si chiamano "•" e "@" in italiano? *Punto* e *chiocciola* (kyOh-choh-lah). Per esempio, l'indirizzo di un mio amico è *pasquale.giusti@tin.it.* Si legge: «Pasquale – *punto* – Giusti – *chiocciola* – tin – *punto* - it». Arrivederci!

Vocabolario

In particolare	*In particular*
regolarmente	*regularly*
membri	*members*
faccio ginnastica	*I work out*
come lo è	*as it is*
gara internazionale	*international competition*
partecipano	*participate*

nazioni	*nations*
è arrivato	*has arrived*
salutarci	*to say good-bye*
indirizzo	*address*
Va bene?	*Okay?*
Punto	*Point*
chiocciola	*at*

BRAIN TICKLERS
Set # 65

A. Can you name each sport? Answer with the expression sembra essere / *it seems to be.* If you see a picture representing soccer, you would say Sembra essere lo sport del calcio. / *It seems to be the sport of soccer.*

1.

2.

3.

4.

5.

6.

7.

8.

9.

B. Now, let's see how much you remember about what Marco wrote to you. Answer each question with a complete sentence.

1. Quali sport in particolare piacciono a Marco?
2. Che cosa gioca più regolarmente degli altri membri della sua famiglia?
3. Che cosa fa due volte alla settimana?
4. Qual è il suo sport preferito?
5. Qual è lo sport preferito di quasi tutti gli italiani?
6. Che cosa c'è ogni quattro anni?
7. Chi partecipa alla gara internazionale?
8. Che cosa è arrivato, purtroppo?
9. Che cosa vuole Marco?
10. Qual è l'indirizzo email di un suo amico?

LEARNING TIP!

Comparison of adverbs

Did you notice the expression più regolarmente in Marco's note? Comparison of adverbs is carried out in the same way as the comparison of adjectives, which you learned about in the previous chapter. Remember?

spesso / *often*   più spesso / *more often*
presto / *early*   meno presto / *less early*

Also note the following forms:

più bene / *"more well"*   =   meglio / *better*
più male / *"more bad"*   =   peggio / *worse*

Finally, note the following:

molto / *a lot*   =   di più / *more*
poco / *little*   =   di meno / *less*

C. Now, compare the following as indicated. For example, if given
Maria fa ginnastica spesso. E Paolo? / *Mary works out often. And
Paolo?* you would answer Paolo fa ginnastica più spesso. / *Paolo
works out more often.* Got it? Make sure that your answers are
logical by taking care to make all necessary changes.

1. Marco arriva sempre presto. E il suo amico?
2. Mia sorella viene sempre tardi alle feste. E suo fratello?
3. Oggi finalmente *(at last)* sto bene. E la tua amica?
4. Purtroppo i miei amici stanno male. E il tuo amico?
5. Lui mangia molto. E loro?
6. La mia mamma mangia poco. E tuo padre?

LEARNING TIP!

For two chapters you have had practice
comparing things. What if something is the best, the
greatest, and so on? How would you say such things in
Italian? Easy. Just put the definite article in front of
più **or** meno.

Marco è alto. / *Marco is tall.*
Paolo è più alto. / *Paolo is taller.*
Io sono il più alto. / *I'm the tallest.*

Lei è brava. / *She's nice.*
Maria è più brava. / *Maria is nicer.*
Tu sei la più brava. / *You're the nicest.*

By the way, if you're interested, this is called the *superlative.*

D. Compare the three people or things indicated. For example, if given mio fratello/tua sorella/i miei due cugini and told to compare them in terms of height (alto), you would say: Mio fratello è alto. Tua sorella è più alta. Ma i miei cugini sono i più alti. / *My brother is tall. Your sister is taller. But my cousins are the tallest.*

1. bravo: il mio insegnante/tua zia/i loro amici
2. stanco: io/tu/i nostri zii
3. felice: Pasquale/Alessandro/Sara
4. nuovo: quella macchina/quella bicicletta/quella motocicletta
5. facile: quel problema/questo problema/quell'altro problema

LEARNING TIP!

How would you say that someone is the tallest *in* the class, or it is the most difficult problem *in* the book, and so on? You simply use di (in contracted form if necessary):

È il problema più difficile della matematica. / *It's the most difficult problem in math.*
Lei è la più intelligente della classe. / *She's the most intelligent in the class.*

E. Say that whatever is given to you is the most difficult, the easiest, or whatever in the indicated place. For example, if given problema difficile/mondo, you would say È il problema più difficile del mondo. / *It's the most difficult problem in the world.*

1. ragazza brava/scuola
2. zaino grande/negozio
3. torta buona/ristorante
4. casa spaziosa/città
5. persona ricca/mondo

F. Now, answer the following questions with complete sentences.

1. Quali sport ti piacciono?
2. Qual è il tuo sport preferito?
3. Che cosa giochi regolarmente?
4. Fai ginnastica? Quante volte al giorno o alla settimana?
5. Sei molto sportivo (-a)?
6. Qual è il tuo indirizzo email?

(Answers are on pages 270 and 271.)

UN PO' DI GRAMMATICA!

Verbi riflessivi / Reflexive Verbs

For your last grammar topic, you should know something about *reflexive verbs*. What are these? Look at some English examples: *I wash myself every day, She enjoyed herself in Italy last year,* and so on. Basically, a reflexive verb is a normal verb with a reflexive pronoun: *myself, herself,* and so on. These "reflect" the action back on the subject. Get it?

By the way, how would you say the same things in Italian? Here's how: **(Io) mi lavo ogni giorno** and **(Lei) si è divertita l'anno scorso in Italia.**

So, as you can see the good news is that the reflexive verb is like any verb. No need to learn new conjugation patterns. You will have to learn the reflexive pronouns, though. Here they are:

> mi / *myself*
> ti / *yourself (informal)*
> si / *himself, herself, themselves*
> ci / *ourselves*
> vi / *yourselves*

The si is a versatile pronoun. It also means *yourself (formal)*, which can be capitalized with this meaning.

You have already been using a reflexive verb in expressions such as **Mi chiamo Maria** / *My name is Maria,* which translates literally as *I call myself Maria*. Notice that the pronoun is put before the verb. By the way, its infinitive form is **chiamarsi** / *to call oneself*. Do you see anything different about it? Sure you do! The infinitive has an **-si** attached to it meaning *oneself*. Did you notice that the final **-e** of **chiamare** was removed? This is done when attaching pronouns to the infinitive.

OK, here is a second and a third conjugation reflexive verb: **mettersi** / *to put on* and **divertirsi** / *to enjoy oneself*. Now, let's conjugate all three in the present indicative, just for convenience.

chiamarsi

(io)	mi chiamo / *I am called*
(tu)	ti chiami / *you are called*
(lui/lei)	si chiama / *he, she is called*
(noi)	ci chiamiamo / *we are called*
(voi)	vi chiamate / *you are called*
(loro)	si chiamano / *they are called*

mettersi

(io)	mi metto / *I put on*
(tu)	ti metti / *you put on*
(lui/lei)	si mette / *he, she puts on*
(noi)	ci mettiamo / *we put on*
(voi)	vi mettete / *you put on*
(loro)	si mettono / *they put on*

divertirsi

(io)	mi diverto / *I enjoy myself*
(tu)	ti diverti / *you enjoy yourself*
(lui/lei)	si diverte / *he, she enjoys himself, herself*
(noi)	ci divertiamo / *we enjoy ourselves*
(voi)	vi divertite / *you enjoy yourselves*
(loro)	si divertono / *they enjoy themselves*

BRAIN TICKLERS
Set # 66

OK, let's practice these verbs. In the exercise you are given a subject (io, tu, suo fratello, etc.). Then you are given three phrases: (a) requires the verb chiamarsi in the present, (b) the verb mettersi in the same tense, and (c) the verb divertirsi in the same tense. Put the two parts together to make complete statements. Don't forget to make each verb agree with the subject.

1. io...
   (a) Maria
   (b) una giacca bella per andare a scuola
   (c) molto quando sono in Italia

2. tu...
   (a) Marco
   (b) una giacca bella per andare a scuola
   (c) molto quando sei in Italia

3. suo fratello...
   (a) Alessandro
   (b) una giacca bella per andare a scuola
   (c) molto quando è in Italia

4. noi...
   (a) Claudia e Pina
   (b) le scarpe eleganti per andare a scuola
   (c) molto quando siamo in Italia

5. voi...
   (a) Stefano e Giulia
   (b) le scarpe eleganti per andare a scuola
   (c) molto quando siete in Italia

6. loro...
   (a) Giovanni e Bruna
   (b) le scarpe eleganti per andare a scuola
   (c) molto quando sono in Italia

(Answers are on page 271.)

No need to learn anything new when it comes to the future or conditional. Just conjugate the verb in the normal way, continuing to put reflexive pronouns in front: **mi divertirò** / *I will enjoy myself*, **ti metteresti** / *you would put on*, and so on.

Here are two new reflexive verbs for you to use: **alzarsi** / *to get up* and **vestirsi** / *to get dressed*.

BRAIN TICKLERS
Set # 67

As on page 261, you are given a subject (io, tu, suo fratello, etc.). Then you are given three phrases: (a) requires the verb alzarsi in the future, (b) the verb mettersi in the same tense, and (c) the verb vestirsi in the conditional. Put the two parts together to make complete statements. Don't forget to make each verb agree with the subject.

1. io...
   (a) presto domani
   (b) un vestito nuovo per la festa
   (c) elegantemente, ma non ho abbastanza soldi

2. tu...
   (a) presto domani
   (b) un vestito nuovo per la festa
   (c) elegantemente, ma non hai abbastanza soldi

3. suo fratello...
   (a) presto domani
   (b) un vestito nuovo per la festa
   (c) elegantemente, ma non ha abbastanza soldi

4. noi...
   (a) presto domani
   (b) un vestito nuovo per la festa
   (c) elegantemente, ma non abbiamo abbastanza soldi

5. voi...
   (a) presto domani
   (b) un vestito nuovo per la festa
   (c) elegantemente, ma non avete abbastanza soldi

6. loro...
   (a) presto domani
   (b) un vestito nuovo per la festa
   (c) elegantemente, ma non hanno abbastanza soldi

(Answers are on page 272.)

Now, what about the present perfect? No problem here either. Just form the past participle in the usual way and use the auxiliary verb. Actually, reflexive verbs are easier to conjugate in this tense. Why? Well, remember all that business of when to use **avere** or **essere**? No need to worry about it here. All reflexive verbs—yes, all!—are conjugated with **essere**.

Let's take **alzarsi** as an example. By the way, don't forget to make the past participle agree with the subject. This applies, as you know, to any verb conjugated with **essere**.

> **(io) mi sono alzato (-a)** / *I got up*
> **(tu) ti sei alzato (-a)** / *you got up*
> **(lui) si è alzato** / *he got up*
> **(lei) si è alzata** / *she got up*
>
> **(noi) ci siamo alzati (-e)** / *we got up*
> **(voi) vi siete alzati (-e)** / *you got up*
> **(loro) si sono alzati (-e)** / *they got up*

BRAIN TICKLERS
Set # 68

A. As on page 262, you are given a subject (io, tu, suo fratello, etc.). Then you are given three phrases: (a) requires the verb alzarsi in the present perfect, (b) the verb mettersi in the same tense, and (c) the verb divertirsi in the same tense. Put the two parts together to make complete statements. Don't forget to make each verb agree with the subject. One small problem. The past participle of mettere is messo. OK?

1. io...
   (a) tardi ieri
   (b) un vestito nuovo per la festa la settimana scorsa
   (c) in Italia due anni fa

2. tu...
   (a) tardi ieri
   (b) un vestito nuovo per la festa la settimana scorsa
   (c) in Italia due anni fa

3. suo fratello...
   (a) tardi ieri
   (b) un vestito nuovo per la festa la settimana scorsa
   (c) in Italia due anni fa

4. noi...
   (a) tardi ieri
   (b) un vestito nuovo per la festa la settimana scorsa
   (c) in Italia due anni fa

5. voi...
   (a) tardi ieri
   (b) un vestito nuovo per la festa la settimana scorsa
   (c) in Italia due anni fa

6. loro...
   (a) tardi ieri
   (b) un vestito nuovo per la festa la settimana scorsa
   (c) in Italia due anni fa

B. Now, answer the following questions about yourself.

1. A che ora ti alzi generalmente la mattina?
2. A che ora ti sei alzato (-a) ieri?
3. Che cosa ti metti generalmente per andare a scuola o a lavorare?
4. Che cosa ti metti per uscire?
5. Quando ti diverti generalmente?

(Answers are on pages 272 and 273.)

Verbi riflessivi all'imperativo / Reflexive Verbs in the Imperative

One more thing to know about reflexive verbs. Where do you put the pronoun in the imperative? Well, for both the tu- and voi-forms, you attach it. By the way, if you have forgotten your imperatives, just go back to the previous chapter and reread all about them.

> **Marco, alzati!** / *Marco, get up!*
> **Claudia e Pina, alzatevi!** / *Claudia and Pina, get up!*

With Lei-forms just continue putting it in front.

> **Signor Verdi, si alzi!** / *Mr. Verdi, get up!*

BRAIN TICKLERS
Set # 69

That's all there is to it. Now, let's practice. Tell the following people to do certain things.

1. Tell Marco to...
   (a) get up early tomorrow morning
   (b) put on a new pair of shoes
   (c) enjoy himself at the party

2. Tell Claudia and Pina to...
   (a) get up early tomorrow morning
   (b) put on a new pair of shoes
   (c) enjoy themselves at the party

3. Tell Mrs. Rossini to...
   (a) get up early tomorrow morning
   (b) put on a new pair of shoes
   (c) enjoy herself at the party

(Answers are on page 273.)

ESPRESSIONI

Soccer Expressions

If you want to play soccer (giocare a calcio), you will need to know a few expressions connected with it. Here are some pretty basic ones.

la vincita (vEEhn-cheeh-tah) / *win, victory*
vincere (vEEhn-cheh-reh) / *to win* (past participle: vinto)
la perdita (pEhr-deeh-tah) / *loss*
perdere (pEhr-deh-reh) / *to lose* (past participle: perso)
il pareggio / *tie*
pareggiare / *to tie*
l'arbitro (Ahr-beeh-troh) / *referee*

il pallone / *soccer ball* **il portiere** / *goaltender*
la rete / *net, goal* **il campionato** / *championship*
il giocatore / *player* **la partita** / *match, game*

BRAIN TICKLERS
Set # 70

Now, answer each question logically.

1. Qual è il contrario *(opposite)* di vincita?
2. Chi ha vinto il campionato di calcio quest'anno?
3. Chi ha vinto il campionato di baseball quest'anno?
4. Chi ha vinto il campionato di pallacanestro quest'anno?
5. E chi ha vinto il campionato di hockey quest'anno?
6. Qual è il contrario di vincere?
7. Come si chiama una partita in cui le squadre *(teams)* pareggiano?
8. Tu sai quale giocatore ha fatto più reti di tutti gli altri quest'anno nel calcio?
9. Hai mai visto una partita di calcio italiana?
10. Chi è il portiere più bravo in questo momento?

(Answers are on pages 273 and 274.)

CULTURA E COMUNICAZIONE

Sports Locales

Would you like to go and see a soccer match in Italy? If so, you would go to lo stadio / *stadium.* Now, where would you go to see or participate in other sports? Here's where.

la palestra / *gymnasium*
il campo / *playing field, grounds*
la pista dello sci / *ski slope (route)*
la pista automobilistica / *car racing track*
la pista di corsa / *running track*
il palazzo del ghiaccio / *hockey or skating rink*
la piscina / *swimming pool*

By the way the verb giocare (a) means *to play.* You have come across this verb already. But, in case you have forgotten, you are now reminded. Also, you should know a few other relevant verbs.

nuotare / *to swim*
pattinare / *to skate*
sciare / *to ski*
correre (kOh-rreh-reh) / *to run*

BRAIN TICKLERS
Set # 71

A. Now, indicate where the following sports events are held (in all likelihood).

1. Dove si va per nuotare.
2. Dove si gioca, per esempio, il baseball o il football americano.
3. Dove si va per sciare.
4. Dove si fanno le corse degli automobili.

5. Dove si va per correre.

6. Dove si va per pattinare o per giocare a hockey.

7. Dove si va per fare ginnastica.

B. Answer the following questions about yourself. Use complete sentences.

1. Vai mai in palestra? Quando e perché?

2. Sai pattinare? Dove vai per pattinare di solito?

3. Sai nuotare? Dove vai per nuotare di solito?

4. Corri regolarmente? Perché?

5. Vai mai a sciare? Dove vai?

(Answers are on page 274.)

BRAIN TICKLERS—THE ANSWERS

Set # 65, page 255

A.

1. Sembra essere lo sport della pallacanestro.
2. Sembra essere lo sport del tennis.
3. Sembra essere lo sport dello sci.
4. Sembra essere lo sport dell'automobilismo.
5. Sembra essere lo sport del ciclismo.
6. Sembra essere lo sport del nuoto.
7. Sembra essere lo sport della ginnastica.
8. Sembra essere lo sport del pattinaggio.
9. Sembra essere lo sport della corsa.

B.

1. In particolare a Marco piacciono le corse, il pattinaggio, il ciclismo, lo sci, l'automobilismo e la pallacanestro.
2. Gioca a tennis più regolarmente degli altri membri della sua famiglia.
3. Fa ginnastica due volte alla settimana.
4. Il suo sport preferito è il calcio.
5. Lo sport preferito di quasi tutti gli italiani è il calcio.

6. Ogni quattro anni c'è una gara internazionale di calcio.
7. Tutte le nazioni partecipano alla gara.
8. Purtroppo è arrivato il momento di salutarci.
9. Marco vuole il vostro indirizzo email.
10. L'indirizzo email di un suo amico è *pasquale.giusti@tin.it*. Si legge: «Pasquale – *punto* – Giusti – *chiocciola* – tin – *punto* - it».

C.

1. Il suo amico arriva (sempre) più presto.
2. Suo fratello viene (sempre) più tardi alle feste.
3. La mia amica oggi finalmente sta meglio.
4. Il mio amico sta peggio.
5. Loro mangiano di più.
6. Mio padre mangia di meno.

D.

1. Il mio insegnante è bravo. Tua zia è più brava. Ma i loro amici sono i più bravi.
2. Io sono stanco (-a). Tu sei più stanco (-a). Ma i nostri zii sono i più stanchi.
3. Pasquale è felice. Alessandro è più felice. Ma Sara è la più felice.

4. Quella macchina è nuova. Quella bicicletta è più nuova. Ma quella motoci- cletta è la più nuova.

5. Quel problema è facile. Questo problema è più facile. Ma quell'altro problema è il più facile.

E.

1. È la ragazza più brava della scuola.

2. È lo zaino più grande del negozio.

3. È la torta più buona del ris- torante.

4. È la casa più spaziosa della città.

5. È la persona più ricca del mondo.

F. [Answers will vary]

1. Mi piacciono…

2. Il mio sport preferito è…

3. Regolarmente gioco a…

4. Sì, faccio ginnastica./No, non faccio ginnastica. La faccio…

5. Sì, sono molto sportivo (-a)./ No, non sono molto sportivo (-a).

6. Il mio indirizzo email è…

Set # 66, page 261

1.

(a) Io mi chiamo Maria.

(b) Io mi metto una giacca bella per andare a scuola.

(c) Io mi diverto molto quando sono in Italia.

2.

(a) Tu ti chiami Marco.

(b) Tu ti metti una giacca bella per andare a scuola.

(c) Tu ti diverti molto quando sei in Italia.

3.

(a) Suo fratello si chiama Alessandro.

(b) Suo fratello si mette una giacca bella per andare a scuola.

(c) Suo fratello si diverte molto quando è in Italia.

4.

(a) Noi ci chiamiamo Claudia e Pina.

(b) Noi ci mettiamo le scarpe eleganti per andare a scuola.

(c) Noi ci divertiamo molto quando siamo in Italia.

5.

(a) Voi vi chiamate Stefano e Giulia.

(b) Voi vi mettete le scarpe eleganti per andare a scuola.

(c) Voi vi divertite molto quando siete in Italia.

6.

(a) Loro si chiamano Giovanni e Bruna.

(b) Loro si mettono le scarpe eleganti per andare a scuola.

(c) Loro si divertono molto quando sono in Italia.

Set # 67, page 262

1.
(a) Io mi alzerò presto domani.
(b) Io mi metterò un vestito nuovo per la festa.
(c) Io mi vestirei elegante-mente, ma non ho abbas-tanza soldi.

2.
(a) Tu ti alzerai presto domani.
(b) Tu ti metterai un vestito nuovo per la festa.
(c) Tu ti vestiresti elegante-mente, ma non hai abbas-tanza soldi.

3.
(a) Suo fratello si alzerà presto domani.
(b) Suo fratello si metterà un vestito nuovo per la festa.
(c) Suo fratello si vestirebbe elegantemente, ma non ha abbastanza soldi.

4.
(a) Noi ci alzeremo presto domani.
(b) Noi ci metteremo un vestito nuovo per la festa.
(c) Noi ci vestiremmo elegan-temente, ma non abbiamo abbastanza soldi.

5.
(a) Voi vi alzerete presto domani.
(b) Voi vi metterete un vestito nuovo per la festa.
(c) Voi vi vestireste elegante-mente, ma non avete abbastanza soldi.

6.
(a) Loro si alzeranno presto domani.
(b) Loro si metteranno un vestito nuovo per la festa.
(c) Loro si vestirebbero ele-gantemente, ma non hanno abbastanza soldi.

Set # 68, page 264

A.
1.
(a) Io mi sono alzato (-a) tardi ieri.
(b) Io mi sono messo (-a) un vestito nuovo per la festa la settimana scorsa.
(c) Io mi sono divertito (-a) in Italia due anni fa.

2.
(a) Tu ti sei alzato (-a) tardi ieri.
(b) Tu ti sei messo (-a) un vestito nuovo per la festa la settimana scorsa.
(c) Tu ti sei divertito (-a) in Italia due anni fa.

3.
(a) Suo fratello si è alzato tardi ieri.
(b) Suo fratello si è messo un vestito nuovo per la festa la settimana scorsa.

(c) Suo fratello si è divertito in Italia due anni fa.

4.
(a) Noi ci siamo alzati (-e) tardi ieri.
(b) Noi ci siamo messi (-e) un vestito nuovo per la festa la settimana scorsa.
(c) Noi ci siamo divertiti (-e) in Italia due anni fa.

5.
(a) Voi vi siete alzati (-e) tardi ieri.
(b) Voi vi siete messi (-e) un vestito nuovo per la festa la settimana scorsa.
(c) Voi vi siete divertiti (-e) in Italia due anni fa.

6.
(a) Loro si sono alzati (-e) tardi ieri.
(b) Loro si sono messi (-e) un vestito nuovo per la festa la settimana scorsa.
(c) Loro si sono divertiti (-e) in Italia due anni fa.

B. [Answers will vary]
1. Generalmente la mattina mi alzo…
2. Ieri mi sono alzato (-a)…
3. Per andare a scuola/a lavorare generalmente mi metto…
4. Per uscire mi metto…
5. Generalmente mi diverto quando…

Set # 69, page 266
1.
(a) Marco, alzati presto domani mattina!
(b) Marco, mettiti un nuovo paio di scarpe!
(c) Marco, divertiti alla festa!

2.
(a) Claudia e Pina, alzatevi presto domani mattina!
(b) Claudia e Pina, mettetevi un nuovo paio di scarpe!
(c) Claudia e Pina, divertitevi alla festa!

3.
(a) Signora Rossini, si alzi presto domani mattina!
(b) Signora Rossini, si metta un nuovo paio di scarpe!
(c) Signora Rossini, si diverta alla festa!

Set # 70, page 267
[Answers will vary]
1. Il contrario di vincita e perdita.
2. La Juventus/Il Milan/… ha vinto il campionato di calcio quest'anno.
3. I Toronto Blue Jays/I Boston Red Sox/…hanno vinto il campionato di baseball quest'anno.
4. I Milwaukee Bucs/I Chicago Bulls/… hanno vinto il campionato di pallacanestro quest'anno.

5. I Montreal Canadiens/I New York Rangers/… hanno vinto il campionato di hockey quest'anno.
6. Il contrario di vincere è perdere.
7. La partita in cui le squadre pareggiano si chiama un pareggio.
8. Sì./No. Si chiama…
9. Sì, ho visto una partita di calcio italiana./No, non ho mai visto una partita di calcio italiana.
10. Il portiere più bravo in questo momento è…

Set # 71, page 268

1. la piscina
2. un campo
3. la pista dello sci
4. la pista automobilistica
5. la pista di corsa
6. il palazzo del ghiaccio
7. la palestra

B. [Answers will vary]

APPENDIX

List of Irregular Verbs with Conjugations

The following is a list of the irregular verbs introduced in this book and their irregular conjugations.

andare / to go
Present Indicative: (io) vado, (tu) vai, (lui/lei/Lei) va, (noi) andiamo, (voi) andate, (loro) vanno
Future: (io) andrò, (tu) andrai, (lui/lei/Lei) andrà, (noi) andremo, (voi) andrete, (loro) andranno
Conditional: (io) andrei, (tu) andresti, (lui/lei/Lei) andrebbe, (noi) andremmo, (voi) andreste, (loro) andrebbero
Imperative: (tu) va', (Lei) vada, (voi) andate

avere / to have
Present Indicative: (io) ho, (tu) ha, (lui/lei/Lei) ha, (noi) abbiamo, (voi) avete, (loro) hanno
Future: (io) avrò, (tu) avrai, (lui/lei/Lei) avrà, (noi) avremo, (voi) avrete, (loro) avranno
Conditional: (io) avrei, (tu) avresti, (lui/lei/Lei) avrebbe, (noi) avremmo, (voi) avreste, (loro) avrebbero
Imperative: (tu) abbi, (Lei) abbia, (voi) abbiate

bere / to drink
Present Indicative: (io) bevo, (tu) bevi, (lui/lei/Lei) beve, (noi) beviamo, (voi) bevete, (loro) bevono
Future: (io) berrò, (tu) berrai, (lui/lei/Lei) berrà, (noi) berremo, (voi) berrete, (loro) berranno
Conditional: (io) berrei, (tu) berresti, (lui/lei/Lei) berrebbe, (noi) berremmo, (voi) berreste, (loro) berrebbero
Imperative: (tu) bevi, (Lei) beva, (voi) beviate
Past Participle: bevuto

correre / to run
Past Participle: corso

dare / to give
Present Indicative: (io) do, (tu) dai, (lui/lei/Lei) dà, (noi) diamo, (voi) date, (loro) danno
Future: (io) darò, (tu) darai, (lui/lei/Lei) darà, (noi) daremo, (voi) darete, (loro) daranno
Conditional: (io) darei, (tu) daresti, (lui/lei/Lei) darebbe, (noi) daremmo, (voi) dareste, (loro) darebbero
Imperative: (tu) da', (Lei) dia, (voi) date
Past Participle: dato

dire / to tell, say

Present Indicative: (io) dico, (tu) dici, (lui/lei/Lei) dice, (noi) diciamo, (voi) dite, (loro) dicono

Future: (io) dirò, (tu) dirai, (lui/lei/Lei) dirà, (noi) diremo, (voi) direte, (loro) diranno

Conditional: (io) direi, (tu) diresti, (lui/lei/Lei) direbbe, (noi) diremmo, (voi) direste, (loro) direbbero

Imperative: (tu) di', (Lei) dica, (voi) dite

Past Participle: detto

dovere / to have to, must

Present Indicative: (io) devo, (tu) devi, (lui/lei/Lei) deve, (noi) dobbiamo, (voi) dovete, (loro) devono

Future: (io) dovrò, (tu) dovrai, (lui/lei/Lei) dovrà, (noi) dovremo, (voi) dovrete, (loro) dovranno

Conditional: (io) dovrei, (tu) dovresti, (lui/lei/Lei) dovrebbe, (noi) dovremmo, (voi) dovreste, (loro) dovrebbero

essere / to be

Present Indicative: (io) sono, (tu) sei, (lui/lei/Lei) è, (noi) siamo, (voi) siete, (loro) sono

Future: (io) sarò, (tu) sarai, (lui/lei/Lei) sarà, (noi) saremo, (voi) sarete, (loro) saranno

Conditional: (io) sarei, (tu) saresti, (lui/lei/Lei) sarebbe, (noi) saremmo, (voi) sareste, (loro) sarebbero

Imperative: (tu) sii, (Lei) sia, (voi) siate

Past Participle: stato

fare / to do, make

Present Indicative: (io) faccio, (tu) fai, (lui/lei/Lei) fa, (noi) facciamo, (voi) fate, (loro) fanno

Future: (io) farò, (tu) farai, (lui/lei/Lei) farà, (noi) faremo, (voi) farete, (loro) faranno

Conditional: (io) farei, (tu) faresti, (lui/lei/Lei) farebbe, (noi) faremmo, (voi) fareste, (loro) farebbero

Imperative: (tu) fa', (Lei) faccia, (voi) fate

Past Participle: fatto

leggere / to read

Past Participle: letto

mettersi / to put on

Past Participle: messo

perdere / to lose

Past Participle: perso

potere / to be able to, can

Present Indicative: (io) posso, (tu) puoi, (lui/lei/Lei) può, (noi) possiamo, (voi) potete, (loro) possono

Future: (io) potrò, (tu) potrai, (lui/lei/Lei) potrà, (noi) potremo, (voi) potrete, (loro) potranno

Conditional: (io) potrei, (tu) potresti, (lui/lei/Lei) potrebbe, (noi) potremmo, (voi) potreste, (loro) potrebbero

prendere / to take, have

Past Participle: preso

sapere / to know

Present Indicative: (io) so, (tu) sai, (lui/lei/Lei) sa, (noi) sappiamo, (voi) sapete, (loro) sanno

Future: (io) saprò, (tu) saprai, (lui/lei/Lei) saprà, (noi) sapremo, (voi) saprete, (loro) sapranno

Conditional: (io) saprei, (tu) sapresti, (lui/lei/Lei) saprebbe, (noi) sapremmo, (voi) sapreste, (loro) saprebbero

Imperative: (tu) sappi, (Lei) sappia, (voi) sappiate

scrivere / to write

Past Participle: scritto

stare / to stay, be

Present Indicative: (io) sto, (tu) stai, (lui/lei/Lei) sta, (noi) stiamo, (voi) state, (loro) stanno

Future: (io) starò, (tu) starai, (lui/lei/Lei) starà, (noi) staremo, (voi) starete, (loro) staranno

Conditional: (io) starei, (tu) staresti, (lui/lei/Lei) starebbe, (noi) staremmo, (voi) stareste, (loro) starebbero

Imperative: (tu) sta', (Lei) stia, (voi) state

Past Participle: stato

succedere / to happen

Past Participle: successo

uscire / to go out

Present Indicative: (io) esco, (tu) esci, (lui/lei/Lei) esce, (noi) usciamo, (voi) uscite, (loro) escono

Imperative: (tu) esci, (Lei) esca, (voi) uscite

venire / to come

Present Indicative: (io) vengo, (tu) vieni, (lui/lei/Lei) viene, (noi) veniamo, (voi) venite, (loro) vengono

Future: (io) verrò, (tu) verrai, (lui/lei/Lei) verrà, (noi) verremo, (voi) verrete, (loro) verranno

Conditional: (io) verrei, (tu) verresti, (lui/lei/Lei) verrebbe, (noi) verremmo, (voi) verreste, (loro) verrebbero

Imperative: (tu) vieni, (Lei) venga, (voi) venite

Past Participle: venuto

vincere / to win

Past Participle: vinto

vivere / to live

Future: (io) vivrò, (tu) vivrai, (lui/lei/Lei) vivrà, (noi) vivremo, (voi) vivrete, (loro) vivranno

Conditional: (io) vivrei, (tu) vivresti, (lui/lei/Lei) vivrebbe, (noi) vivremmo, (voi) vivreste, (loro) vivrebbero

Past Participle: vissuto

volere / to want

Present Indicative: (io) voglio, (tu) vuoi, (lui/lei/Lei) vuole, (noi) vogliamo, (voi) volete, (loro) vogliono

Future: (io) vorrò, (tu) vorrai, (lui/lei/Lei) vorrà, (noi) vorremo, (voi) vorrete, (loro) vorranno

Conditional: (io) vorrei, (tu) vorresti, (lui/lei/Lei) vorrebbe, (noi) vorremmo, (voi) vorreste, (loro) vorrebbero

INDEX